Babilonia

Una guía fascinante del reino de la antigua Mesopotamia, desde el Imperio acadio hasta la batalla de Opis contra Persia, sin olvidar la mitología y el legado de Babilonia

© Copyright 2021

Todos los derechos reservados. Ninguna parte de este libro puede ser reproducida de ninguna forma sin el permiso escrito del autor. Los revisores pueden citar breves pasajes en las reseñas.

Descargo de responsabilidad: Ninguna parte de esta publicación puede ser reproducida o transmitida de ninguna forma o por ningún medio, mecánico o electrónico, incluyendo fotocopias o grabaciones, o por ningún sistema de almacenamiento y recuperación de información, o transmitida por correo electrónico sin permiso escrito del editor.

Si bien se ha hecho todo lo posible por verificar la información proporcionada en esta publicación, ni el autor ni el editor asumen responsabilidad alguna por los errores, omisiones o interpretaciones contrarias al tema aquí tratado.

Este libro es solo para fines de entretenimiento. Las opiniones expresadas son únicamente las del autor y no deben tomarse como instrucciones u órdenes de expertos. El lector es responsable de sus propias acciones.

La adhesión a todas las leyes y regulaciones aplicables, incluyendo las leyes internacionales, federales, estatales y locales que rigen la concesión de licencias profesionales, las prácticas comerciales, la publicidad y todos los demás aspectos de la realización de negocios en los EE. UU., Canadá, Reino Unido o cualquier otra jurisdicción es responsabilidad exclusiva del comprador o del lector.

Ni el autor ni el editor asumen responsabilidad alguna en nombre del comprador o lector de estos materiales. Cualquier desaire percibido de cualquier individuo u organización es puramente involuntario.

Tabla de contenidos

INTRODUCCIÓN 1

CAPÍTULO 1. LA TIERRA DE LOS BABILONIOS 3

CAPÍTULO 2. LA VIDA, LA CULTURA Y LOS ROLES DE GÉNERO A LO LARGO DE LOS AÑOS 9

CAPÍTULO 3. DONDE LA SUPERSTICIÓN SE ENCUENTRA CON LA CIENCIA 24

CAPÍTULO 4. BABILONIA ANTES DE LOS BABILONIOS 41

CAPÍTULO 5. LA DINASTÍA AMORREA O LOS PRIMEROS BABILONIOS 48

CAPÍTULO 6. LA PRIMERA CAÍDA DE BABILONIA Y EL ASCENSO DE LOS CASITAS 55

CAPÍTULO 7. LA DOMINACIÓN Y EL GOBIERNO ASIRIO, 911-619 A. C. 62

CAPÍTULO 8. EL IMPERIO NEOBABILÓNICO 68

CAPÍTULO 9. LA CONQUISTA PERSA Y EL PERÍODO HELENÍSTICO 76

CAPÍTULO 10. RELIGIÓN, MITOLOGÍA Y LOS MITOS DE LA CREACIÓN 84

CAPÍTULO 11. LA VERSIÓN CORTA DE LOS BABILONIOS BÍBLICOS 98

CONCLUSIÓN. EL LEGADO DE LOS BABILONIOS 104

VEA MÁS LIBROS ESCRITOS POR CAPTIVATING HISTORY 106

REFERENCIAS Y LECTURAS ADICIONALES 107

Introducción

Cuando alguien escucha la palabra *Babilonia*, ¿qué se imagina? Si ese individuo es un fanático del lenguaje, se puede imaginar un paraíso lleno de lujos y de las más finas exquisiteces. Si le gusta la ciencia ficción, se puede imaginar innumerables películas y programas de televisión que juegan con esta palabra y se basan en sus connotaciones culturales para transmitir una imagen compleja, como lo hace la desafortunada serie Babylon 5. Por otro lado, alguien que se crió rodeado de las religiones abrahámicas —judaísmo, cristianismo o islam— se podría imaginar una ciudad depravada que sirviera de lección a los fieles para evitar las tentaciones del mundo físico. Después de todo, la ramera de Babilonia sigue siendo una figura omnipresente en la cultura popular y en el discurso teológico y espiritual.

¿Pero qué era Babilonia?

La respuesta corta es la siguiente: incluso en la historia, esto depende del contexto. La respuesta larga es más complicada. Cuando alguien dice *Babilonia*, se podría estar refiriendo a una gran ciudad, un imperio o a todo un grupo de personas que caracterizaron a la región más amplia de Mesopotamia y a miles de años de historia y desarrollo humano. Para los fines de este libro, se utiliza la tercera definición.

Los babilonios nunca fueron un pueblo estático con un solo trasfondo, sino que desarrollaron su civilización a lo largo de los siglos con la incorporación de más y más pueblos en una gran cultura. Un lector inteligente se dará cuenta de que su historia es compleja y muy detallada. Al final de este libro, los lectores estarán hartos de ver las palabras *Babilonia, babilónico, babilonio* y *civilización*, pero lograrán comprender mejor por qué a esta cultura se la considera como una de las más significativas e influyentes de todos los tiempos.

La influencia babilónica sobre las posteriores culturas e incluso la sociedad moderna no tiene límites. Como una de las principales civilizaciones de Mesopotamia, la civilización babilónica aportó los fundamentos a las matemáticas, la agricultura, la arquitectura, la metalurgia y otros campos influyentes y necesarios para desarrollar otras grandes civilizaciones como la griega, la romana e incluso naciones contemporáneas como China o los Estados Unidos. Sin ellas, el mundo neotérico no hubiese existido.

Con todo esto en mente, es importante situar a los babilonios en el contexto adecuado; esto significa que hay que hacer un breve repaso de lo que fue Mesopotamia y por qué tantas civilizaciones se identifican como babilónicas o están relacionadas con esta cultura. Dado que existieron hace tanto tiempo, las fechas a las que se hace referencia terminarán con *a. C.*, que significa antes de Cristo, antes de la era común o el comienzo del calendario gregoriano contemporáneo. Así que, cuando aparece una fecha como la de 1850 a. C., se debe añadir el año actual más el número 1850 para saber cuánto tiempo hace que ocurrió algo. Por ejemplo: 2021 más 1850 significa que el evento ocurrió hace 3.871 años. La historia de Babilonia comienza en lo que los estudiosos modernos definen como Mesopotamia, el territorio entre los ríos Éufrates y Tigris en el Oriente Próximo.

Capítulo 1. La tierra de los babilonios

La tierra alrededor del río Éufrates, así como las regiones situadas fuera de la propia Mesopotamia y en la Mesopotamia originaria dieron forma al desarrollo de la civilización babilónica. La antigua Babilonia se encontraba en el sur de Mesopotamia, en el Oriente Próximo antiguo. Para un lector contemporáneo, esta sería aproximadamente la ubicación de las naciones modernas como Irak, Irán, Israel, Jordania, Turquía, Siria, Egipto, Palestina y Arabia Saudí. Aunque la ciudad de Babilonia en sí misma se mantuvo durante siglos, la verdadera civilización y el reino de los babilonios sufrió muchos cambios de nombre a medida que diferentes culturas entraban en la región y se fusionaban con las ya existentes. Por ejemplo, en el tercer milenio a. C. la Mesopotamia central se conocía como Akkad, mientras que la región meridional era Sumeria.

Mesopotamia fue el origen de la civilización de los pueblos contemporáneos. Junto con Egipto, con el que estaba conectada por los enormes ríos Tigris y Éufrates, Mesopotamia constituyó la base de la civilización a través del nacimiento de la agricultura, la escritura, las matemáticas, la arquitectura y otros elementos fundamentales de la cultura y la sociedad. Una de las principales razones del éxito de la región fue la presencia de diversos pueblos y de fértiles tierras de cultivo que proporcionaban el sustento suficiente para que la gente se dedicara a otros asuntos además de la búsqueda de alimentos. Mesopotamia abarca la región geográfica entre el Tigris y el Éufrates, que recibía la humedad que necesitaba de las aguas de los ríos y disponía de fértiles tierras de cultivo.

El río Tigris

Acadia o Mesopotamia superior y central

Esta sección de Mesopotamia era una vasta llanura que medía aproximadamente 400 kilómetros de longitud. El suelo habría sido razonablemente fértil, pero no abundante. La llanura solo experimenta una alteración importante, que es una gama de piedra caliza que se ramifica en la cercana cordillera de Zagros. Numerosos asentamientos existieron en esta zona durante la época de los babilonios, incluidas las grandes ciudades y grandes extensiones de tierras de cultivo utilizadas para producir productos agrícolas básicos como la cebada. Los arqueólogos todavía encuentran muchas ruinas y restos de viejos pueblos y casas en la zona.

Al norte de la llanura y más allá de la piedra caliza se encuentra otra sección del país bien regada, con más colinas de piedra caliza. En esta zona había más tierras de cultivo y las canteras permitían excavar y tallar la piedra caliza para su uso en la construcción. En la punta de esta región estaba el final de la extensión del territorio babilónico. Aquí, los ríos Tigris y Éufrates se elevaban en las crestas de la cordillera de Zagros, que separaba a los babilonios y sus predecesores de sus vecinos. En esta zona habría estado la gran ciudad de Aššur o Ashur, así como la futura capital Nínive, aún más al norte.

Sumeria o Baja Mesopotamia

El área inferior de Mesopotamia contenía llanuras aluviales preparadas para una agricultura abundante. Esta zona se llamaba Caldea y estaba fertilizada por los ricos depósitos que dejaban el Tigris y el Éufrates. En varias secciones de este libro se hará referencia a los caldeos, que con frecuencia se consideran parte del Imperio babilónico, ya que eran solo uno de los muchos grupos étnicos más pequeños que formaban una Mesopotamia más amplia y el propio imperio. Al este se encuentra la cordillera de Elam, mientras que al oeste se encuentran las orillas del Éufrates, que separaban Mesopotamia de un grupo de pueblos nómadas conocidos como *suti*. Los suti no procedían de los mismos antecedentes generales que los caldeos (que eran babilonios) y eran uno de los muchos pueblos de habla semítica que poblaban la zona. A lo largo del sur del territorio mesopotámico había marismas donde muchos caldeos vivían junto a otros grupos étnicos como los arameos.[1]

Varias ciudades sembraban el paisaje. Al oeste del territorio estaba la famosa Ur, la primera capital de Mesopotamia y tal vez la ciudad más antigua que se conoce. Babilonia descansaba al oeste y poseía numerosos suburbios a ambos lados del Éufrates. También en esta zona había considerables depósitos de arenisca roja y acantilados de

---

[1] Bill T. Arnold, *Who Were the Babylonians*, (Atlanta: The Society of Biblical Literature, 2004) *(en inglés)*.

los que los babilonios tomaban piedra, así como un mar de agua dulce llamado Najaf.

Las ruinas de Babilonia: fotografía tomada en el año 1932

En la orilla oriental del Éufrates y al sur de Babilonia se encontraban las importantes ciudades de Kish y Nippur, que desempeñarían un importante papel en el desarrollo de una civilización cohesionada. Al este estaba el canal de Lagash que permitía el acceso a través del río Tigris. Este canal prepararía el escenario para la conquista y la expansión babilónica a costa de sus vecinos.

Fue en esta misma área donde los sumerios y acadios, los ancestros de los babilonios, también se desarrollaron. Al estudiar a los babilonios, es imposible ignorar a los otros dos. Esto se debe al hecho de que estas culturas y grupos étnicos que contribuyeron significativamente a la ciencia, la religión y la estructura social de los babilonios. Cuando se formó el Imperio babilónico, los sumerios y los acadios no desaparecieron, sino que fueron absorbidos por la nueva civilización y se convirtieron en miembros del amplio concepto babilónico. Lo mismo sucedería con los caldeos y otros grupos más pequeños. La absorción o asimilación ocurrió cuando los antepasados babilónicos, los amorreos, llegaron a la región y comenzaron a celebrar matrimonios mixtos y a asimilarse por su cuenta.

¿Cuándo vivieron los babilonios?

Los babilonios son una de las más antiguas civilizaciones organizadas conocidas, que data desde el siglo XIX a. C.[2] La civilización duraría hasta las conquistas islámicas en el 700 d. C., lo que significa que parte de los babilonios existió durante unos 2.500 años. Los babilonios surgieron a finales de la Edad de Bronce mesopotámica (3.500 a. C.-1.500 a. C.). Esto significa que los babilonios poseían la tecnología necesaria para fabricar armas y herramientas de bronce, un metal blando que era más fuerte que los modelos originales hechos de piedra. Luego pasaron a la Edad de Hierro, donde el bronce fue reemplazado por el hierro que era aún más duro.

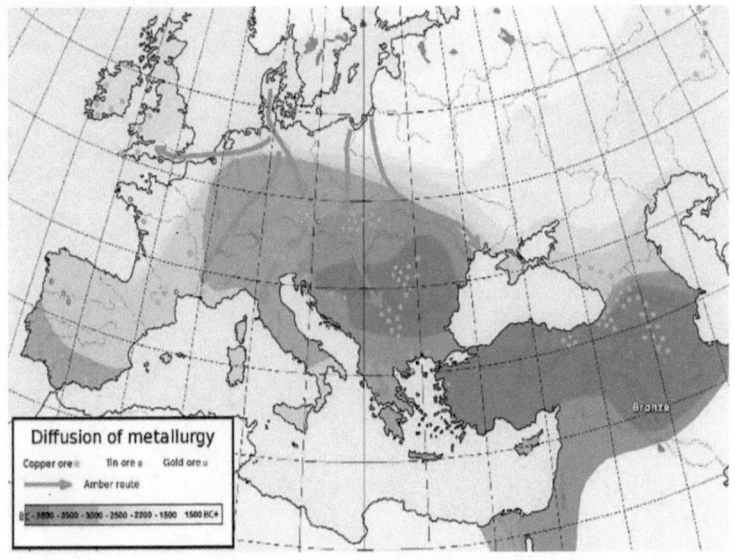

La difusión de la metalurgia

---

[2] Paul Kriwaczek, *Babilonia: Mesopotamia y el nacimiento de la civilización*, (ARIEL: 2010).

La imagen de arriba muestra cómo la región en la que vivían los babilonios fue una de las primeras áreas en desarrollar la metalurgia y el armamento de bronce. Por esta razón, Mesopotamia es frecuentemente llamada la cuna de la civilización. El acceso y el conocimiento de la metalurgia del bronce significaba que los babilonios eran capaces de dominar otras áreas que aún no habían adquirido tal tecnología. En esencia, les dio una ventaja que permitió que la civilización prosperara. Fue en este entorno que los babilonios comenzaron su viaje que pasaría a los libros de historia.

Capítulo 2. La vida, la cultura y los roles de género a lo largo de los años

Dado que los babilonios se desarrollaron a lo largo de dos milenios y medio, su cultura cambió mucho. Sin embargo, las civilizaciones antiguas tampoco experimentaban cambios tan rápidos como muchas sociedades modernas hoy en día y los historiadores y arqueólogos son incapaces de hacer un seguimiento de los desarrollos más diminutos como las comidas o los trajes favoritos de cada siglo. A gran escala, los historiadores saben que Babilonia se caracterizó por la misma monarquía militarista de las otras civilizaciones, lo que significa que normalmente había un rey guerrero apoyado por algunos nobles ricos que ocupaban cargos como generales, sacerdotes y administradores. La economía se impulsaba principalmente a través del comercio, pero la mayoría de los individuos habrían trabajado como agricultores tratando de cultivar suficientes alimentos para ellos y sus familias. En este capítulo se ofrece un amplio panorama del concepto que tenía un babilonio medio —es decir, aquellos granjeros y algunos comerciantes— de la vida cotidiana, incluidos los roles de género, los posibles empleos y el tipo de alimentos que se podían consumir.

El papel de los hombres y las mujeres

Los hombres dominaban la esfera pública del mundo babilónico. Eran los principales poseedores de la propiedad, los jefes de los hogares y las familias, y se esperaba que todos trabajaran fuera del hogar. Ellos eran hombres libres que trabajaban en el ejército o en el gobierno, y constituían la mayoría de la fuerza de trabajo. Algunos ejemplos de trabajo que un hombre típico podía hacer era plantar y cosechar cultivos, construir edificios y puentes, grabar registros administrativos, luchar como un soldado o elaborar cerveza. Debido a que controlaban la esfera pública, los hombres eran vistos como ciudadanos «estándar». Sus opiniones importaban más que las de las mujeres y los niños, y tenían el control final sobre sus esposas e hijos. Aunque las mujeres podían ser influyentes, el mundo babilónico estaba dominado por los hombres.

Casi todo lo que se hacía en el hogar se consideraba trabajo de mujeres, así como la recolección y el refinamiento de materiales. Algunos estudiosos resumen mejor la separación de los géneros al describir el papel del hombre como proveedor de materias primas como el grano y la lana, mientras que el papel de la mujer consistía en tomar estos bienes y crear un producto acabado como el pan o la tela para la ropa. Como la mujer mantenía el hogar, también necesitaba salir todos los días y sacar agua de un río, canal o arroyo cercano. Una de sus principales tareas era también la recolección de leña, que podía obtenerse recogiendo palos caídos o cortando ramas de los árboles cercanos.

Los textos sumerios y babilónicos del tercer y segundo milenio antes de Cristo indican que las mujeres también trabajaban fuera del hogar, normalmente como sirvientas o trabajadoras domésticas para los comerciantes y las familias más ricas. Los babilonios parecían pagar a los trabajadores con plata o cebada, que se administraba en función de la edad y el sexo de la persona. Por ejemplo, un hombre que trabajaba durante un mes podía recibir 190 tazas de cebada, mientras que una mujer recibía 139[3]. Aunque definitivamente había una buena cantidad de misoginia involucrada, ya que a las mujeres no se las valoraba tanto como a los hombres; la razón principal por la que los babilonios pagaban más a los hombres era porque requerían más comida. Aunque las mujeres también realizaban un trabajo agotador, podían arreglárselas con menos alimentos y nutrición que un hombre de tamaño equivalente.

Curiosamente, si hubiera problemas agrícolas graves, como malas cosechas, los patrones pagarían a los trabajadores con menos cebada, pero compensarían la diferencia con dátiles. Por ejemplo, una mujer podría recibir solo 84,5 tazas de cebada, pero también recibiría 13 dátiles. Aun así, incluso cuando los patrones pagaban en plata, las mujeres recibían solo un tercio del salario de los hombres y a veces incluso solo un cuarto. Algunos historiadores especulan que parte de la diferencia ocurría porque los hombres, al ser naturalmente más fuertes, podían hacer trabajos más duros, pero todos están de acuerdo en que el desprestigio de la mujer en Babilonia jugaba un papel importante.

Entonces, ¿cuál era el tipo de trabajo que hacían los hombres y las mujeres? Los hombres podían desarrollar habilidades especializadas para convertirse en comerciantes y artesanos, pero la mayoría eran agricultores pobres que pasaban sus días trabajando en los campos, cavando surcos, plantando cosechas y luego recolectándolas al final de la temporada. Algunos hombres más ricos podían convertirse en rudimentarios herreros que fabricaban herramientas y armas mientras que otros compraban y vendían mercancías. Muchos hombres dedicaban su vida al ejército y se convertían en soldados, aunque los más pobres no estaban bien equipados y a menudo morían en la batalla. Si un hombre se educaba, podía convertirse en un administrador que llevaba registros y trabajaba con el rey y la nobleza,

---

[3] Marten Stol, *Women in the Ancient Near East*, (Boston: De Gruyter, 2016), pg. 342 *(en inglés).*

pero él mismo tenía que ser noble. Finalmente, muchos hombres trabajaban como jornaleros y obreros de la construcción pobres, a los que se les contrataba mensualmente.

En cuanto a las mujeres, muchos de sus deberes implicaban tomar materiales y convertirlos en algo útil. Además de tejer, moler el trigo y hornear, las mujeres también cavaban zanjas para los canales, ponían los cimientos de los edificios, construían esclusas, hacían los surcos en los campos para los cultivos, recogían las cosechas, prensaban aceite y llevaban materiales como ladrillos a las obras de construcción. Los registros indican que a una mujer libre se le podría obligar a convertirse en trabajadora esclava durante un período de tiempo por el que a su marido se le pagaría con una pequeña parcela de tierra. La esposa no tenía voz ni voto en su empleo. Además, las mujeres tenían responsabilidades primarias en lo que respecta a la crianza y la educación de los hijos. Era común que una madre trabajara durante el día y llevara a sus hijos con ella, donde luego se convertirían en niños trabajadores con unos salarios miserables.

Matrimonio, sexualidad, familia y divorcio

Para la mayoría de los babilonios, el matrimonio era el evento más importante en la vida de un individuo. Muchos rituales, leyes y prácticas culturales rodeaban el compromiso, la boda y luego el pacto matrimonial entre un hombre y una mujer. Para los hombres, la edad media del matrimonio se situaba entre los 18 y los 20 años. Para las mujeres, una joven podría esperar casarse poco después de tener su primer período, generalmente entre los 13 y los 14 años. Esta edad de matrimonio para las mujeres creaba algunos problemas, ya que las tasas de mortalidad materna durante y después del parto eran extremadamente altas. Aunque las muchachas habían tenido sus períodos, con frecuencia sus cuerpos no estaban plenamente desarrollados y, por lo tanto, sufrían mucho al tratar de tener hijos.

El matrimonio era una de las instituciones más esenciales para los babilonios y numerosos textos antiguos elogian el matrimonio desde hace más de 3.000 años. Los textos religiosos decretaban que era el destino final de hombres y mujeres formar parejas felices que produjeran niños sanos. Una vida sexual satisfactoria se consideraba central para esta institución, y las fuentes religiosas y culturales animaban a los maridos y esposas a encontrar la alegría en los brazos del otro. Los primeros proverbios babilónicos (oficialmente sumerios) explicaban estas ideas, así como la representación de demonios femeninos que no podían experimentar el placer del matrimonio y los niños. Uno de los proverbios era así:

Que Inanna deje a una esposa con caderas calientes acostarse contigo. Que te presente hijos con brazos anchos. Que ella busque un lugar de felicidad para ti.[4]

Una «esposa con caderas calientes» se refiere a una mujer que está sexualmente excitada. Los babilonios creían que una mujer excitada que tenía un orgasmo era más fértil y, por lo tanto, tenía más probabilidades de tener hijos sanos, especialmente hijos varones. Algo que le puede sorprender al lector moderno es la franqueza de los babilonios con respecto a la sexualidad. Se esperaba que las mujeres fueran vírgenes al casarse y los hombres no, pero se esperaba que ambos individuos casados disfrutaran el uno del otro y tuvieran relaciones sexuales con frecuencia. De hecho, el sexo era visto como la actividad más común de un individuo feliz y saludable. Además, los demonios de la religión babilónica eran tan malvados porque nunca llegaron a experimentar la vida como una mujer satisfecha. La siguiente descripción muestra lo importante que era el matrimonio y el sexo en la vida de una mujer babilonia:

La doncella es como una mujer que nunca tuvo relaciones sexuales.

La doncella es como una mujer que nunca fue desflorada.

La doncella nunca experimentó el sexo en la vida de su marido.

La doncella nunca se quitó la ropa en el regazo de su marido.

---

[4] Proverbios sumerios 1.147.

Ningún hombre apuesto aflojó nunca el cinturón de la doncella.

La doncella no tiene leche en sus pechos; solo sale un líquido amargo.

La doncella nunca llegó al clímax sexual, ni satisfizo sus deseos en el regazo de un hombre.[5]

De la misma manera, la vida de un hombre sin matrimonio se veía como vacía y estéril. Sin embargo, esto no significa que se fomentara el amor romántico. El matrimonio para los babilonios, como para muchas civilizaciones antiguas, era transaccional. Para que un compromiso tuviera lugar, un hombre tenía que llegar a un acuerdo con su futuro suegro sobre el precio del matrimonio. Él concedía regalos a su prometida y pagaba una cantidad fija a su padre antes de que el matrimonio pudiera tener lugar.

Si el futuro esposo y la esposa eran ambos individuos libres y no esclavos, entonces la boda consistía en que la mujer se entregaba a la casa de su futuro esposo. Él pondría un velo sobre su cabeza y le cubriría la cara, declarando que ella era su esposa. Después de esto, vertía perfume sobre su cabeza y luego le entregaba regalos. Una vez casada, la pareja tenía que decidir el futuro de su vida. A veces la nueva esposa volvía a vivir con su padre. Si este era el caso, el esposo le daba un pago conocido como *dumaki*, que se destinaba al mantenimiento de la casa. Si la pareja elegía vivir juntos, la esposa traía un *sherigtu* con ella, o el equivalente a una dote.

Este *sherigtu* era enteramente propiedad de la esposa y no se podía reclamar por los hermanos de su esposo si este moría. De la misma manera, ella se quedaba con cualquier regalo de matrimonio que le diera su marido, como joyas. Sin embargo, si la esposa moría sin tener hijos, entonces el precio que su marido había pagado por ella se le debía devolver. Si el marido elegía divorciarse de su esposa, entonces le tenía que dar al ex suegro una compensación, normalmente una cantidad de dinero.

---

[5] Stol, *Women in the Ancient Near East,* pg. 61 *(en inglés).*

Los hombres babilonios típicamente solo tomaban una esposa si ella vivía y daba hijos, especialmente herederos masculinos. Sin embargo, era perfectamente legal que los hombres entraran en más de un matrimonio o tuvieran relaciones con una concubina para tratar de tener más hijos. Aunque estaba permitido, culturalmente no se aceptaba si el marido no era noble o tenía una esposa que producía hijos y sobrevivía. Si un hombre tomaba una concubina, ella entraba en la casa, pero solo podía llevar un velo, símbolo de una mujer casada, fuera cuando caminaba con la esposa. Su posición en la casa siempre era inferior a la de la esposa legal y la concubina se elegía normalmente de entre las esclavas.

Una vez que los niños nacían dentro de un matrimonio, el marido se convertía en el padre y la cabeza de la familia. Retenía el poder de la vida y la muerte sobre su esposa y su descendencia. Algunos de sus poderes incluían dejar a los hijos con los acreedores como garantía del pago de una deuda, enviarlos a trabajar y elegir a quién dejar el dinero y la propiedad también, aunque el hijo mayor también conservaba algunos derechos. Si el padre moría, sus hijos podían reclamar su propiedad y echar a su madre del hogar, pero para ello tenían que luchar con sus tíos.

Finalmente, existía la posibilidad de divorcio. Sorprendentemente, los códigos de la ley babilónica permitían a las mujeres iniciar el divorcio. En particular, las leyes aparecieron en códigos dictados por el famoso Hammurabi. Si una mujer podía aportar pruebas de abuso o negligencia grave por parte de su marido, entonces era libre de dejar su casa y volver a la de sus padres. Mientras tanto, un hombre podía iniciar un divorcio por dos razones principales: su esposa resultaba ser estéril o se le acusaba de adulterio. Nadie sospechaba que un hombre también pudiera ser estéril.

Sin embargo, el divorcio estaba muy estigmatizado y el marido siempre tenía que devolver la dote que recibía por el matrimonio. Para evitar el aislamiento social, la mayoría de las parejas infelices permanecían juntas. Los maridos solían añadir una concubina a la familia o iniciaban aventuras, mientras que las mujeres llevaban a cabo sus propias actividades ilícitas en secreto. El adulterio era una ofensa punible para las mujeres y sus amantes. La ley babilónica dictaba que un marido cornudo podía hacer que su esposa infiel y su amante o amantes fueran arrojados al río y se ahogaran. Si deseaba perdonar a su esposa, también tenía que perdonar a su amante. El castigo por adulterio era todo o nada. Los hombres casados no eran castigados por tener aventuras, a menos que se les pillara con una mujer casada que no fuera su esposa.[6]

Esta es una visión general de la estructura general del matrimonio y del divorcio babilonio a lo largo de tres milenios. Naturalmente, los hombres y mujeres sumerios, acadios y luego los babilonios oficiales tendrían diferentes niveles de poder y normas sociales ligeramente cambiadas dependiendo de qué cultura tenía más influencia y poder en un momento dado. El cambio más importante que se puede ver a lo largo de los milenios fue la disminución del papel de la mujer. Mientras que los sumerios les daban a las mujeres un poder sin precedentes en el mundo antiguo para dejar un matrimonio y un hogar infelices, e incluso describían a las mujeres como poseedoras de un increíble poder sobre sus maridos, esto cambió rápidamente bajo los acadios y los babilonios.

Alimentos

Los historiadores y arqueólogos modernos saben mucho sobre la cocina babilónica porque los chefs conservaban sus recetas en tabletas de arcilla que se descubrieron muchos milenios después. En estas tabletas, se puede ver que uno de los alimentos más comunes que comían los babilonios era el guiso. Se podía hacer un guiso con todas las sobras y trozos encontrados por las esposas y los esclavos en sus casas para luego preservarlo durante días al dejarlo al calor. Algunos de los ingredientes comunes del guiso incluían carne, vegetales resistentes y hierbas encontradas en la zona.

---

[6] Ibid.

La carne procedía de cualquier animal pastoreado por los lugareños. La carne más común era la de cordero (carne de oveja), cerdo, aves de corral, pescado y algo de carne de vaca. Sin embargo, la mayoría de la gente no comía carne a menudo, ya que era difícil y costoso criar un animal para sacrificarlo solo por la carne. Un plebeyo era afortunado si consumía algo de carne una vez a la semana. La cebolla era la verdura más común, mientras que el ajo se usaba como condimento.[7]

El pan hecho de cebada era el principal alimento básico de la dieta babilónica. La cebada se podía cultivar en una variedad de entornos que se encontraban en todo el territorio babilónico y proporcionaba una nutrición eficiente. Los hombres eran frecuentemente los recolectores de la cebada y llevaban el grano a las mujeres, que se pasaban horas moliéndolo con un mortero y un mazo. Después, tomaban la harina para hacer una masa que se podía cocinar en panes planos que se comía para la cena. El pan de cebada iba acompañado de frutas locales como higos, ciruelas, melones y dátiles.

La bebida preferida era la cerveza hecha con exceso de cebada en lugar de vino. Esta cerveza no era la misma que la cerveza moderna. En su lugar, tenía un menor contenido de alcohol para hacerla más apetecible y bebible durante el día. La razón principal por la que los babilonios bebían cerveza era para evitar enfermarse por beber agua del río, especialmente porque el río se usaba para bañarse, lavar la ropa y a menudo para la llamada de la naturaleza. Tanto hombres como mujeres estaban involucrados en la fabricación de la cerveza de cebada.

En 2018, un equipo de colaboradores de la Universidad de Yale y la Universidad de Harvard reunió información de las tablillas de arcilla existentes e intentó seguir varias de las antiguas recetas babilónicas. Dos prominentes estudiosas ayudaron a dirigir el equipo, Agnete Lassen y Chelsea Alene Graham. Lassen era la conservadora

---

[7] «Publicaciones», Colección Babilónica de la Universidad de Yale, Universidad de Yale, última modificación 2018, https://babylonian-collection.yale.edu/publications *(en inglés)*.

asociada de la Colección Babilónica de Yale, mientras que Graham era la especialista en imágenes digitales del Instituto de Preservación del Patrimonio Cultural.[8] Su objetivo era desarrollar tres guisos separados. Recrear las comidas era difícil, ya que las tablillas estaban mal conservadas, algunos ingredientes no estaban disponibles y no había mediciones. Los platos, sin embargo, quedaron deliciosos.

Idioma

Los babilonios usaban un lenguaje conocido como acadio, que tomaron de sus predecesores los acadios. Ya nadie habla esta lengua que era una antigua lengua semítica escrita en una escritura cuneiforme. El sistema cuneiforme fue uno de los primeros sistemas de escritura desarrollados por los sumerios. Presentaba muchos símbolos en forma de cuña que representaban diferentes sílabas habladas. Los símbolos se hacían presionando una lengüeta en arcilla húmeda, que luego se podía borrar. A veces, los escribas cocinaban las tablillas para preservar la escritura. El calor de los hornos endurecía la arcilla y formaban tablillas duras que luego se podían pasar a otros eruditos o miembros educados de la sociedad, generalmente la nobleza o los comerciantes ricos.

---

[8] Bess Connolly Martell, «¿Qué comían los antiguos babilonios? Un equipo de Yale-Harvard probó sus recetas», YaleNews, última modificación 2018,
https://news.yale.edu/2018/06/14/what-did-ancient-babylonians-eat-yale-harvard-team-tested-their-recipes *(en inglés)*.

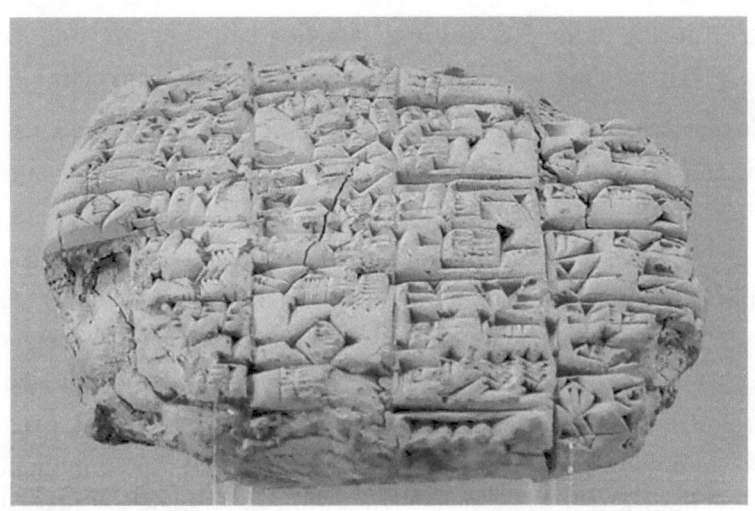
Una carta cuneiforme, alrededor del año 2400 a. C.

Edificios y arquitectura

A pesar de que su civilización es muy antigua, los babilonios son conocidos por su arte y creatividad en general en lo que se refiere a la construcción y la arquitectura. Por ejemplo, en lugar de los tradicionales ladrillos cuadrados o rectangulares, los babilonios fabricaban ladrillos con bordes redondeados. Estos ladrillos no eran los más estables, pero sí estéticamente agradables y contribuían al aspecto único de estructuras como el zigurat, un tipo de templo. Según un historiador más antiguo llamado Archibald Sayce, los materiales de construcción más comunes para las casas y los templos seguían siendo la piedra y el ladrillo. En una de sus monografías, describe la arquitectura babilónica de la siguiente manera:

La piedra escaseaba, pero ya estaba cortada en bloques y placas. El ladrillo era el material de construcción más común, y con él se construían ciudades, fortalezas, templos y casas. Las ciudades estaban provistas de torres y se levantaban sobre una plataforma artificial; la casa también tenía un aspecto de una torre. Estaba provista de una puerta que giraba sobre una bisagra y se podía abrir con una especie de llave; la puerta de la ciudad era de mayor tamaño y parece ser que era doble [...] Se temía a los demonios que tenían alas de pájaro, y las piedras de los cimientos —o más bien los ladrillos— de una casa se consagraban con ciertos objetos que se depositaban bajo ellas.[9]

Sus descripciones coinciden con las interpretaciones modernas. La mayoría de los edificios babilonios se construyeron sobre plataformas ligeramente elevadas para mantener el polvo y la suciedad fuera de la casa y evitar las inundaciones durante la temporada de lluvias. Los ladrillos de barro fueron el material de construcción más común porque eran simples, baratos y abundantes. La piedra se reservaba para los ricos o para los edificios influyentes como los templos centrales de las ciudades, incluidos los famosos zigurats. La mayoría de los edificios no usaban mortero, el material que mantiene los ladrillos unidos. En su lugar, los babilonios dependían del peso de los ladrillos y de la habilidad de su arquitectura para mantener las estructuras estables. En los casos de templos y palacios, se usaban enormes contrafuertes.

Otros rasgos arquitectónicos notables fueron los desagües utilizados para mantener el agua y la humedad lejos de las bases de los edificios. Estos desagües podían ser tan simples como zanjas de tierra o tan elaborados como grandes semituberías de plomo. Muchos ladrillos se podían enchapar con el paso del tiempo, con grabados o finas capas de oro para la decoración. Los frescos y las decoraciones de las paredes aparecieron adicionalmente a medida que el arte se desarrollaba. Las paredes casi nunca eran lisas y frecuentemente se pintaban con colores brillantes e intensos mediante el uso de tintes vegetales. Algunos colores comunes parecen ser el amarillo y el azul básicos que se pueden obtener de las flores y bayas silvestres.

Los babilonios también fueron una de las primeras civilizaciones mesopotámicas en alejarse del bajorrelieve tradicional. Un bajorrelieve era una escultura tallada en una enorme sección de piedra. No era un grabado, sino más bien una imagen elaborada a la que se le daba una forma tridimensional y desarrollo al cortar

---

[9] Rev. A.H. Sayce, profesor de asiriología de Oxford, "The Archaeology of the Cuneiform Inscriptions", *Society for Promoting Christian Knowledge*, 1908, pgs. 98-100 *(en inglés)*.

alrededor de la imagen deseada. En lugar de estos bajorrelieves, los babilonios empezaron a crear estatuas completamente tridimensionales que se mantenían por sí solas. Esto se debió a que la piedra se consideraba un recurso precioso y finito, y era importante no desperdiciar ningún material al cortar solo parte de una imagen y dejar tanta piedra para formar un telón de fondo.

Un bajorrelieve asirio del año 716-713 a. C.

Ropa

Es difícil saber qué llevaban puesto los babilonios, ya que no muchas escenas han sobrevivido a las arenas del tiempo. Los arqueólogos e historiadores pueden afirmar que la mayoría de las prendas de vestir de los babilonios parecían tomadas en su totalidad de los sumerios. Esto significaba que tanto los hombres como las mujeres solían llevar trajes hechos de tela cosida que formaban faldas y mantones de longitud media a larga. Estas faldas normalmente llegaban hasta las rodillas del hombre y hasta los tobillos de la mujer y tenían algún tipo de fleco alrededor del pliegue que era liso o elaborado, dependiendo de la riqueza o el estatus de la persona. La falda se mantenía en su lugar gracias a un grueso cinturón tejido que se ataba en la espalda para mantener las líneas delanteras de la prenda ordenadas y limpias. Como la mayoría de los individuos eran trabajadores pobres, la ropa solía ser de color blanco o marrón sucio de lana sin teñir.[10]

Los chales eran largos trozos de tela que se podían envolver alrededor de los hombros de una persona para cubrir los senos y partes de los hombros. Las mujeres, aunque de manera modesta, parecían poder mostrar el área alrededor de la clavícula de una manera similar a las camisetas de cuello en V contemporáneas. A medida que pasaba el tiempo, las mujeres comenzaron a reemplazar la más tradicional combinación de falda y chal con largos vestidos de lana que llegaban hasta los pies y se podían ceñir alrededor de la cintura con cinturones. Muchas continuaron usando chales encima por modestia y como adorno adicional.

Casi todas las mujeres tenían la costumbre de cubrirse la cabeza con un velo por modestia. Las únicas que no lo hacían eran las esclavas que no eran vistas como merecedoras del estatus que implica la presencia de un velo. Los hombres no tenían la misma obligación, pero frecuentemente usaban algún tipo de cubierta como protección contra el sol mientras trabajaban en el campo o comerciaban. Su característica más distintiva era la presencia de largas barbas cuidadosamente rizadas que indicaban que un hombre era un adulto. La mayoría de los individuos llevaban una especie de sandalia para protegerse del suelo, mientras que los soldados y la nobleza podían permitirse botas de cuero de alta calidad.

Tanto los hombres como las mujeres llevaban joyas, que eran muy apreciadas. El rey típicamente usaba una elaborada redecilla tejida con hilos de oro, mientras que los nobles más ricos podían permitirse usar cintas de oro para su cabello. Las joyas más apreciadas eran los pendientes de oro, que podían tener forma de cruces, nueces o

---

[10] Mary G. Houston, *Ancient Egyptian, Mesopotamian & Persian Costume,* (Londres: A. & C. Black, 1954) *(en inglés).*

simples anillos. La gente también usaba pulseras, collares y bandas que presentaban símbolos religiosos, flores e incluso animales tales como pájaros. No todo el mundo podía permitirse joyas, pero incluso los plebeyos usaban simples piezas tejidas como adornos y símbolos de estatus.

Capítulo 3. Donde la superstición se encuentra con la ciencia

Muchos miembros del público moderno frecuentemente se burlan de la idea de que las civilizaciones antiguas sean tecnológicamente avanzadas, pero tales individuos a menudo olvidan que los seres humanos tuvieron que empezar desde cero. En pocas palabras, alguien no puede ir a la universidad sin haber pasado primero por la escuela primaria. Esta analogía no pretende en absoluto abaratar los avances de los babilonios. Se necesita una mente aguda para ser capaz de dibujar los cielos y determinar cómo medir adecuadamente el área de una forma geométrica. ¿Podría alguno de los lectores de este libro hacerlo si no le hubieran enseñado las fórmulas en la escuela? De los diversos campos académicos, las áreas donde los babilonios destacaron fueron las matemáticas y la astronomía o la astrología, que se construyeron una a partir de la otra. Sin embargo, también fracasaron en algunos importantes. Por ejemplo, los babilonios no tenían un buen concepto de anatomía, fisiología, virología o medicina básica. En su lugar, muchos de sus métodos se basaban en supersticiones para encontrar una cura y la muerte era muy común incluso entre individuos que acudían a un médico.

Medicina

La medicina babilonia incluía más superstición que ciencia. Los médicos dejaron registros de las curas más comunes y populares en tablillas de arcilla, pero muchos de los ingredientes utilizados habrían tenido poco o ningún efecto sobre las enfermedades o dolencias que se suponía que debían tratar. Algunos remedios podían hacer que un individuo se enfermara mucho más de lo previsto. La anatomía tampoco se entendía del todo bien. Aunque los médicos y profesionales llamados videntes disecaban a los humanos y animales muertos para examinar sus órganos, no sabían para qué servía cada uno de ellos. Por ejemplo, el hígado se consideraba el órgano más importante y la fuente de la sangre del cuerpo. Las canciones incluso ponían al hígado en el lugar que ahora le pertenece al corazón.

Un médico babilonio inventaría tratamientos para una amplia gama de problemas como enfermedades respiratorias, infecciones, enfermedades mentales que causan tristeza o alucinaciones, mala circulación, problemas para concebir un hijo o epilepsia. Sin embargo, sus diagnósticos no tenían casi nada que ver con el cuerpo. Si había un problema físico con un individuo, los médicos pensaban que había una causa sobrenatural, generalmente una desaprobación de un dios o el trabajo de espíritus malignos. Con esto en mente, los médicos frecuentemente creaban tratamientos también basados en la superstición.

Un ejemplo famoso es el avistamiento de cerdos. Si en el camino para tratar a un paciente, un médico veía un cerdo blanco, entonces esto significaba que el paciente se iba a recuperar. Si veía un cerdo negro, el paciente iba a morir. Otros colores tenían también diferentes significados. El médico también podía fijarse en el color de la orina de un paciente para comprobar si había problemas. Si la orina salía negra, el individuo se iba a morir, como en los tiempos modernos, por lo que los babilonios estaban en lo cierto aquí. Una orina clara

La importancia de las matemáticas

Muchos entienden que las matemáticas son los bloques de construcción del mundo. Sin esta disciplina, los humanos no entenderíamos cómo nos desplazamos a través del espacio físico, cómo calculamos la distancia, cómo construimos estructuras sólidas o cómo medimos los sólidos y líquidos que se comercializan, venden y consumen a diario. O, al menos, no podríamos hacerlo con precisión.

Los descubrimientos matemáticos babilonios son algunos de los más tempranos en existencia, anteriores incluso a los griegos, a los que la mayor parte del mundo occidental copiaba cuando hacía «nuevos» descubrimientos científicos desde el período medieval en adelante. De hecho, los griegos terminaron copiando el trabajo de los babilonios durante el período helenístico, que se produjo más de 1.000 años después de que los babilonios hicieran sus descubrimientos iniciales. Por lo que los arqueólogos e historiadores pueden estimar, el conocimiento matemático de los babilonios se transfirió a la civilización griega tras las conquistas de Alejandro Magno en Mesopotamia y la región circundante alrededor del año 330 a. C.

Alejandro Magno, aunque conocido por sus triunfos y proezas militares, destacó además la importancia de compartir los conocimientos y las prácticas culturales. Por ello, sus propios soldados se volvieron contra él después de ver su asimilación a la cultura persa como una traición a su herencia macedonia. Durante su conquista, Alejandro ordenó a Calístenes de Olynthus, su cronista oficial, que reuniera profesionales para traducir todo el conjunto de tablas y registros astronómicos babilonios.

Los griegos tomaron estos registros y realizaron algunos descubrimientos sorprendentes con ellos que dieron forma al mundo moderno, incluidos los nuevos métodos de cálculo del calendario y las posiciones de planetas conocidos como Venus y Júpiter. También facilitó la introducción de conceptos matemáticos complejos en la cultura helenística. Algunos ejemplos de implementaciones matemáticas significativas incluían que los griegos aprendieran a dividir un círculo en 360 grados y 60 minutos de arco.

La astrología babilonia representa la unión entre la astronomía y la religión. En su visión del mundo, se trataba tanto de una ciencia como de los cálculos que indicaban dónde se encontraban los planetas y las constelaciones en el cielo. Los astrólogos babilonios, también llamados caldeos, crearon los cimientos del zodíaco moderno e influyeron mucho en sus homólogos helenísticos. Si consideramos la fidelidad con la que trazaron el mapa de las estrellas y la importancia de las deidades en la vida cotidiana, no es sorprendente que los babilonios creyeran que los dioses envían mensajes a los humanos a través de las señales en el cielo.

Enuma Anu Enlil, astronomía y astrología

Enuma Anu Enlil es una serie de tablillas de arcilla escritas por los astrólogos babilonios en una escritura cuneiforme. Revela entre 6.500 y 7.000 presagios que los astrólogos creían que afectarían al rey o al imperio de una forma u otra si aparecían. Algunos de ellos se basaban en sucesos reales, pero la mayoría no. Muchas traducciones se encuentran actualmente en los Archivos Estatales de Asiria, que es un proyecto intelectual con sede en Helsinki, Finlandia. La totalidad de Enuma Anu Enlil aún no ha sido traducida y existen numerosas lagunas en el texto de las secciones donde el cuneiforme se desgastó o desapareció por erosión. Aun así, es de aquí de donde los historiadores obtienen la mayor parte de su información sobre la importancia de la astrología y la adivinación.

Presagios

Un presagio era un mensaje profético que los astrólogos necesitaban encontrar e interpretar para pasar la información a los sacerdotes y al rey. Los babilonios desarrollaron listas detalladas de los presagios o símbolos comunes y sus significados, que fueron inscritos en tablas de arcilla tradicionales y luego horneados para su uso repetido. Un presagio podía dividirse en dos partes: la prótasis y

Júpiter visto por la sonda espacial Cassini

El zodíaco

La mayor parte de la información que los historiadores y arqueólogos tienen sobre la astrología babilonia proviene de un documento llamado *MUL.APIN* o *el Arado*. Las fechas indican que la tablilla se creó alrededor del año 1000 a. C. Contiene aproximadamente 71 estrellas y constelaciones que los babilonios observaban con cierta regularidad. Los babilonios sí que registraron diecisiete o dieciocho constelaciones específicas, pero no les asignaron los mismos significados que tienen en la actualidad. El movimiento planetario en y alrededor de las constelaciones tenía matemáticas significativas incluían que los griegos aprendieran a dividir un círculo en 360 grados y 60 minutos de arco.

La astrología babilonia representa la unión entre la astronomía y la religión. En su visión del mundo, se trataba tanto de una ciencia como de los cálculos que indicaban dónde se encontraban los planetas y las constelaciones en el cielo. Los astrólogos babilonios, también llamados caldeos, crearon los cimientos del zodíaco moderno e influyeron mucho en sus homólogos helenísticos. Si consideramos la fidelidad con la que trazaron el mapa de las estrellas y la importancia de las deidades en la vida cotidiana, no es sorprendente que los babilonios creyeran que los dioses envían mensajes a los humanos a través de las señales en el cielo.

Enuma Anu Enlil, astronomía y astrología

Enuma Anu Enlil es una serie de tablillas de arcilla escritas por los astrólogos babilonios en una escritura cuneiforme. Revela entre 6.500 y 7.000 presagios que los astrólogos creían que afectarían al rey o al imperio de una forma u otra si aparecían. Algunos de ellos se basaban en sucesos reales, pero la mayoría no. Muchas traducciones se encuentran actualmente en los Archivos Estatales de Asiria, que es un proyecto intelectual con sede en Helsinki, Finlandia. La totalidad de Enuma Anu Enlil aún no ha sido traducida y existen numerosas lagunas en el texto de las secciones donde el cuneiforme se desgastó o desapareció por erosión. Aun así, es de aquí de donde los historiadores obtienen la mayor parte de su información sobre la importancia de la astrología y la adivinación.

Presagios

Un presagio era un mensaje profético que los astrólogos necesitaban encontrar e interpretar para pasar la información a los sacerdotes y al rey. Los babilonios desarrollaron listas detalladas de los presagios o símbolos comunes y sus significados, que fueron inscritos en tablas de arcilla tradicionales y luego horneados para su uso repetido. Un presagio podía dividirse en dos partes: la prótasis y la apódosis. Cualquiera que esté familiarizado con el arte de la escritura reconocerá estas dos palabras, que están basadas en el griego. La prótasis era la observación inicial y la correspondiente hipótesis sobre el significado de un símbolo. La apódosis era el resultado real del presagio observado. En las tablillas, los astrólogos mantenían largas listas de los presagios vistos y lo que ocurría como resultado. De esta manera, se trataba de una forma de ciencia sofisticada, incluso si se construía sobre unas suposiciones erróneas.

Otra similitud entre la astrología babilonia y la ciencia era la presencia de teorías e hipótesis. Los astrólogos ya mostraban rasgos de un método científico cuando registraban un presagio y descubrían un evento correspondiente. Era, a su manera rudimentaria, una simple causa y efecto. Pero los babilonios fueron más allá. Mediante el uso de elementos de historias religiosas, incluyeron en sus tablillas posibles presagios o augurios y sus resultados. Crearon hipótesis y teorías. Sin embargo, no tenían forma de ponerlas a prueba y muchos de los presagios que imaginaban habrían sido absolutamente imposibles si consideramos lo que los humanos saben ahora sobre las leyes de la naturaleza. Pero los astrólogos aplicaban principios científicos fundamentales para entender el mundo que les rodeaba y es por eso que la astrología babilonia podría considerarse una forma de ciencia, si no para un público moderno, entonces sí para los propios babilonios.

Para entender los presagios, hay que entender la visión del mundo de los babilonios. Aunque trataremos la religión en profundidad más adelante, es importante saber que los babilonios vivían en una sociedad profundamente religiosa donde las deidades no eran figuras estáticas. En su lugar, participaban activamente en la vida diaria. La voluntad y el favor de la divinidad traía como resultado beneficios tangibles y físicos en la tierra. Aún más fascinante era el concepto de que la tierra y los cielos estaban conectados en una esfera. Piense en una pelota. Para los babilonios, la tierra sería la mitad inferior y el cielo la superior. Alrededor del borde había conexiones entre los dos.

No los atmosféricos conocidos en la sociedad contemporánea, sino puntos de contacto físicos reales. Esto se debe a que, en la religión babilonia, la diosa Tiamat se había partido en dos y se utilizó para formar los cielos y la tierra.

Con todo esto en mente, los presagios se consideraban como si fueran mensajes escritos por dioses en la mitad superior del mundo y, por lo tanto, la tarea de los humanos de abajo era discernir el significado. Incluso una vez que se encontraba este significado, el futuro no estaba determinado. Este concepto era común entre las antiguas civilizaciones del Oriente Próximo y el norte de África. Incluso si los babilonios encontraban un presagio, no significaba que el evento ocurriría. En realidad, era un juicio de los dioses que, en su sabiduría, habían visto lo que podía suceder y elegían pasar la información a los babilonios. Los dioses daban, en palabras del historiador francés Jean Bottéro, «un veredicto contra los interesados sobre la base de los elementos del presagio, de la misma manera que cada sentencia de un tribunal establecía el futuro del culpable basándose en el expediente sometido a su juicio».[13]

Así que, una vez que los astrólogos babilonios descubrían un presagio y lo interpretaban, informaban de los resultados al rey y a los sacerdotes. Era entonces la tarea de estos oficiales encontrar maneras de prevenir o favorecer el resultado. Esto se hacía mediante la realización de rituales y sacrificios a las deidades en cuestión. Por ejemplo, si los astrólogos hallaban una señal que indicara que el rey se iba a morir pronto, él y los sumos sacerdotes intentaban evitar que la muerte ocurriera al sacrificar animales costosos como toros y bueyes, al ungir las estatuas de la deidad principal y del dios del inframundo, y al realizar tantos rituales como fuera posible. Esto se podía considerar como una apelación a la alta corte divina. Entonces, los dioses emitían su juicio. Si estaban satisfechos, el rey vivía. Si no, se moría.

---

[13] Jean Bottéro, *Mesopotamia: Writing, Reasoning and the Gods*, (Chicago: University of Chicago Press, 1992) pg. 142 *(en inglés)*.

Las constelaciones, el zodíaco y los planetas

Los babilonios poseían un complejo sistema para entender los movimientos de los planetas y las estrellas. Similar a un zodíaco moderno, creían que las posiciones de ciertos cuerpos celestes influían en el mundo y especialmente en un individuo. Dependiendo de la composición del cielo al nacer, una persona tendría diferentes rasgos de personalidad, características y suerte en la vida.

El cielo babilonio se dividía en tres subsecciones principales llamadas así por el trío de deidades principales: Anu, el dios del cielo y la deidad principal; Enlil, el dios del clima; y Ea, el dios del agua. No tenían planetas asociados a ellos, pero otras deidades sí los tenían. No se pensaba que los planetas fueran dioses, sino más bien representaciones o símbolos de su poder. Las posiciones planetarias se asociaban con días, meses y años específicos que se decía que eran favorables para cada deidad.[14]

Los «planetas» más importantes para los babilonios eran la luna y el sol. En el caso del sol, se hacía un especial hincapié en su tamaño y su posición en los diferentes días del calendario, los principales datos que los astrólogos examinaban para determinar los presagios y los peligros. La luna, por su parte, se dividía en cuatro cuadrantes. Cada cuadrante estaba asociado a una sección separada del Imperio babilónico: el norte representaba a Subartu, el sur a Akkad, el este a Elam y el oeste a Amurru. La plenitud de la luna era significativa. Los astrólogos además ponían mucho peso en los solsticios y eclipses, así como en las diferentes fases de la luna. El tamaño y el brillo del sol y la luna también se consideraban y se registraban en tablillas de arcilla.

---

[14] Ibid.

Las deidades y sus planetas

Planeta	Deidad	Dominio de la deidad
Sol	Shamash	Justicia, verdad y orden
Luna	Sin	Ganado y fertilidad
Mercurio	Nabu	Sabiduría y escritura
Venus	Ishtar	Amor, sexualidad y guerra
Marte	Nergal	Muerte, inframundo, peste y plaga
Saturno	Ninurta	Curación y agricultura
Júpiter	Marduk	La ciudad de Babilonia

Cualquiera que esté familiarizado con el zodíaco moderno y la mitología griega y romana verá similitudes entre las deidades babilonias y las griegas, con respecto a sus planetas y sus dominios. Estos dominios también influyen mucho en la forma en que los astrólogos modernos y la gente interesada en la astrología en general interpretan la presencia y los movimientos de los diferentes planetas. Por ejemplo, Venus, que es el planeta de Ishtar, evoca a Venus que representa a Afrodita para los griegos y que es un símbolo común de amor, deseo y sexualidad. Del mismo modo, Júpiter es Marduk, que sustituye a Anu como el dios de Babilonia principal una vez que Hammurabi alcanza el poder. En griego, Júpiter era Zeus, también la deidad principal.

Júpiter visto por la sonda espacial Cassini

El zodíaco

La mayor parte de la información que los historiadores y arqueólogos tienen sobre la astrología babilonia proviene de un documento llamado *MUL.APIN* o *el Arado*. Las fechas indican que la tablilla se creó alrededor del año 1000 a. C. Contiene aproximadamente 71 estrellas y constelaciones que los babilonios observaban con cierta regularidad. Los babilonios sí que registraron diecisiete o dieciocho constelaciones específicas, pero no les asignaron los mismos significados que tienen en la actualidad. El movimiento planetario en y alrededor de las constelaciones tenía significados específicos que variaban según la posición. Lo interesante es que los babilonios identificaron la mayoría de las principales constelaciones asociadas con el zodíaco moderno y les dieron nombres similares. Aquí se incluyen algunos ejemplos:

- Aries: LU.HUN.GA: «El labrador»
- Tauro: GU.AN.NA: «El toro celestial» o «El toro sagrado»
- Géminis: MASH.TA.BA: «Los gemelos»
- Cáncer: AL.LUL: «Cangrejo de río»
- Leo: UR.GU.LA: «León»
- Virgo: AB.SIN: «El surco de la semilla» o «Hija del pecado»
- Libra: ZI.BA.AN.NA o GISH.ERIN: «El destino celestial» o «La balanza»
- Escorpio: GIR.TAB: «El escorpión»
- Sagitario: PA.BIL.SAG: «El defensor»
- Capricornio: SUHUR.MASH: «El pez cabra»
- Acuario: GU.LA: «El señor de las aguas»
- Piscis: SIM.MAH: «Peces» o «Las colas»

Un grabado en madera del siglo XV de los signos del zodíaco

Esta imagen, tomada de una xilografía europea del siglo XV, muestra cómo las interpretaciones babilónicas de las diferentes constelaciones, así como sus primeros trabajos sobre el zodíaco, influyeron en los griegos, los romanos y la cultura europea. Este es un hecho poco conocido para mucha gente, pero el zodíaco también fue un símbolo popular en el arte cristiano, con la imagen de Jesús que a menudo aparecía rodeado por los signos del zodíaco. El alcance de la influencia de los babilonios fue muy grande.

La adivinación

La práctica de la adivinación era similar a la astrología. Mientras que la astrología se centraba únicamente en la identificación de portentos en los cielos, la adivinación se centraba en encontrar signos y presagios terrestres en medios físicos a los que los humanos normales podían acceder. Los adivinos eran los practicantes de esta técnica y se apoyaban en muchas listas de presagios similares a las de los astrólogos. Algunos de los médiums que observaban eran los pájaros en el cielo, el crecimiento de las plantas, los defectos de nacimiento de los humanos y animales, y el movimiento del humo y el agua cuando se les hacía preguntas. Combinada con la astrología, la cultura babilónica establecía que era posible averiguar qué eventos futuros pertenecían a un individuo. Por ejemplo, los babilonios pensaban que podían saber si alguien viviría, moriría, se enfermaría, tendría un embarazo saludable o se casaría bien.

Al igual que la astrología, la adivinación incluía presagios, algunos frecuentes y otros nunca vistos. Sus listas incluían algunos presagios inusuales con significados listados: presagios que nunca han aparecido en la historia de la humanidad. Por ejemplo, tomemos una vaca. Es común que una vaca dé a luz a un solo ternero, mientras que es raro que nazcan dos. El nacimiento de dos terneros era una señal o un presagio, pero los babilonios no se detenían ahí. Hicieron una lista de los posibles resultados de los nacimientos de tres, cuatro, cinco e incluso ocho terneros de una sola vaca.

Otra práctica era la hepatoscopia. Los babilonios son conocidos por su hepatoscopia, que es el examen del hígado de un animal para determinar el futuro. Creían firmemente que el hígado era el órgano más central y significativo tanto del hombre como de los animales. Según su lógica, el hígado era la fuente de la sangre en el cuerpo y por lo tanto proporcionaba la fuente de vida. Un sacerdote, conocido como bārû, se entrenó en la práctica de la hepatoscopia y en la interpretación de los signos descubiertos en el hígado. Múltiples profesionales desarrollaron un compendio completo llamado *Bārûtu*. Los babilonios hicieron modelos de arcilla del hígado para ayudar a entrenar mejor a bārûs y explicar cómo se veían los signos. Los arqueólogos encontraron varios de estos modelos que datan del siglo XIX o XVIII a. C.

El estudio del hígado también podía hacerse para predecir el clima; por ejemplo, si había condiciones favorables para obtener cosechas buenas. La hepatoscopia era parte de la práctica más amplia de estudiar las entrañas de los animales en general para los portentos, lo que se llama extispicio. Debido a que los babilonios tenían otro sistema claro para determinar y predecir el futuro, la adivinación también se considera una ciencia primitiva para esta civilización, aunque se basaba más en la religión y la magia que en los hechos reales comunes en el estudio contemporáneo. Al igual que la astrología, los adivinos volvían a basar los resultados de sus presagios en un estudio cuidadoso y luego formulaban sus propias predicciones e hipótesis para lograr otros resultados. Un individuo también puede ver similitudes entre las prácticas de la astrología y la adivinación y cómo los babilonios estudiaban la medicina, visto anteriormente.

Capítulo 4. Babilonia antes de los babilonios

Los babilonios se entienden frecuentemente como otro imperio en la larga historia de Mesopotamia que se desarrolló a partir de los mismos pueblos que formaron civilizaciones anteriores. Se les considera ampliamente mesopotámicos en cuanto a su cultura, vestimenta, idioma y religión. Por esta razón, es importante entender quién y qué precedió al Imperio babilónico oficial, ya que la civilización se basó en gran medida en sus predecesores como los sumerios y los acadios.

Los orígenes de Babilonia

Las raíces de los babilonios se remontan a aproximadamente el año 3.500 a. C., cuando comenzó a surgir una civilización sumeria bien desarrollada. Los sumerios eran una de las civilizaciones humanas más antiguas de las que se tiene constancia. Les siguió un nuevo grupo de individuos que hablaban una forma primitiva de acadio alrededor del año 3000 a. C. En algún momento, estos dos pueblos se dedicaron a un comercio y una interacción social tan intensos que la mayoría de la región se hizo bilingüe, lo que permitió compartir y tomar prestada una cultura intensa e íntima. Incluso los idiomas se mezclaron entre sí cuando la gente comenzó a emplear modismos, frases, palabras e incluso partes enteras de la gramática para transmitir sus ideas.

Con el tiempo, el acadio se hizo más popular que el sumerio original. Algunos estudiosos sugieren que esto sucedió porque el número de hablantes que tenían el acadio como su lengua materna comenzó lentamente a superar a los que hablaban el sumerio original, mientras que otros creen que se debe a que el acadio se convirtió en la lengua de los negocios y la religión. Sea como sea, Mesopotamia vio el declive de importantes ciudades y ciudades-estado como las famosas Ur, Uruk, Eridu y Lagash gracias al surgimiento del nuevo Imperio acadio (2334-2154 a. C.), que reemplazó al Imperio sumerio.

Sin embargo, esto no significa que los sumerios desaparecieran. Esa gente seguía estando presente y en realidad se convirtió en parte del imperio acadio. Lo único que cambió fue que la lengua y la cultura acadias comenzaron a ser más prominentes y extendidas, de manera similar a como el antiguo Imperio romano se convirtió en cristiano, mientras que la gente que constituía Sumeria y Mesopotamia permaneció allí. Incluso el principal centro religioso de los sumerios originales seguía siendo el mismo; ahora se le llamaba acadio. Esta sería la ciudad de Nippur, donde los residentes adoraban al dios Enlil. Esto no cambió hasta que Hammurabi emergió como el poderoso líder de los babilonios alrededor del siglo XVIII a. C.

Los sumerios

Los sumerios son la civilización mesopotámica más antigua conocida y considerada la primera. Se establecieron en la región entre el año 5000 y 4500 a. C. La mayoría de los historiadores creen que fueron un pueblo de Asia occidental que se trasladó más al oeste para tener un mayor acceso a los recursos y a las tierras cultivables que se desarrollaron a partir de los depósitos de los ríos Tigris y Éufrates. Cuando llegaron a Mesopotamia, se dividieron en ciudades-estado militaristas que comerciaban y luchaban entre sí por el territorio. Las ciudades estaban separadas por canales, afloramientos rocosos y terrenos elevados que servían de protección contra los ataques. Cada ciudad poseía un templo dedicado a un dios o diosa patrón. El gobierno consistía en una serie de poderosos nobles terratenientes dirigidos por un gobernador religioso, llamado *ensi*, o un rey, llamado *lugal*.[15]

La historia escrita de los sumerios se remonta al siglo XXVII a. C., aunque la mayoría de los registros son posteriores, del siglo XXIII a. C. Esto se debe a que alrededor de esa época, los sumerios desarrollaron un nuevo sistema de escritura basado en sílabas. Contrariamente a la creencia popular, esta antigua civilización demostró algunas cualidades inusuales, como la relativa igualdad de género y ciudades que carecían de murallas y ejércitos permanentes. Durante su temprana existencia, los sumerios experimentaron períodos de mucha paz, y la realeza y otras figuras legislativas prominentes contaban con asesores masculinos y femeninos. En los templos, el género del sumo sacerdote se alternaba según la forma del dios. De esta manera, una sacerdotisa estaba a cargo del templo de un dios y un sacerdote, del de una diosa.

Esta forma de vida cambió durante un periodo de tiempo llamado el período Dinástico Arcaico, que comenzó alrededor del 2900 a. C. y duró hasta cerca del 2500 a. C. En este período, la mayoría de las ciudades desprotegidas desaparecieron y la sociedad cambió al sistema de gobierno mencionado anteriormente, donde los nobles y un alto sacerdote o rey controlaban a los humanos y los recursos. Las mujeres perdieron lentamente su lugar en la sociedad y se vieron confinadas cada vez más a un papel doméstico, ya que la agricultura y la guerra las despojaron de sus derechos. Un gran recurso para los historiadores acerca de este período de tiempo, y una de las piezas más antiguas de la literatura humana, es la *Epopeya de Gilgamesh*.[16]

---

[15] Harriett Crawford, *Sumer and the Sumerians*, (Nueva York: Cambridge University Press, 2004) *(en inglés)*.

[16] Stephen Mitchell, *Gilgamesh: A New English Version*, (Nueva York: Free Press, 2004). *(en inglés)*

El poema *Epopeya de Gilgamesh* se escribió durante el Imperio acadio, pero el hombre era uno de los reyes de Uruk y el héroe mesopotámico más famoso. Gobernó en algún momento entre el año 2800 y el 2500 a. C. y finalmente sería divinizado o convertido en un dios. Su epopeya proporciona información valiosa sobre los valores y estilos de vida sumerios, así como la influencia de la religión y los dioses en la sociedad y la cultura.

Hubo varias razones por las que los sumerios se desvanecieron lentamente. Una fue el movimiento natural de más grupos étnicos y tribus que hablaban diferentes idiomas en la región. Otra fue el aumento de la salinidad del suelo o la presencia de cantidades crecientes de sal. Esta sal dificultó el crecimiento de su cultivo básico, el trigo. Incluso cuando los agricultores se cambiaron a la cebada, que debería haber sido capaz de tolerar la salinidad, ya era demasiado tarde. Los sumerios tuvieron que mudarse de sus tierras natales, lo que alteró el equilibrio de poder y permitió a los acadios obtener una ventaja regional.

Los acadios

Originalmente, los acadios eran tan solo un grupo más que vivía en Mesopotamia. Después de que los sumerios sufrieron y abandonaron sus hogares, los acadios lograron ganar importantes espacios territoriales y culturales. Poco a poco, construyeron un imperio que unió a los dos pueblos y colocó a la cultura acadia en un lugar prominente.[17]

La ciudad central del Imperio acadio era Acadia, que los historiadores aún se esfuerzan por localizar con precisión. Su primer gobernante poderoso fue un hombre llamado Sargón. Se desconocen sus antecedentes personales, ya que él mismo hizo numerosas afirmaciones, como que tenía una madre difícil y un padre ausente. Una vez que aspiró a ser rey, cambió su historia para que su madre

---

[17] Benjamin R. Foster, *The Age of Agade: Inventing Empire in Ancient Mesopotamia*, (Nueva York: Routledge Publishing, 2016) *(en inglés)*.

fuera una importante sacerdotisa. Esto significaba que él era un noble y eso le daba legitimidad para gobernar. Empezó su vida como copero de otro rey y se abrió camino para ser un jardinero que limpiaba canales de irrigación. Aquí, formó su primera coalición de soldados de los otros trabajadores.

Sargón echó al rey original e inmediatamente comenzó a expandir el territorio acadio por medio de la conquista. Unificó toda Mesopotamia y luego atravesó el río Éufrates en un área conocida como el Levante. Aquí, luchó y dominó a un antiguo pueblo conocido como *hattiano*. Reemplazó a todo gobernante que se le opusiera con nobles acadios y supuestamente gobernó durante 56 años antes de morir de viejo. Expandió el comercio de forma considerable para incluir materiales como la plata y el lapislázuli, y los llevó al norte, a Asiria, que se convertiría en el granero de los acadios.

Tras la muerte de Sargón, el Imperio acadio seguía siendo fuerte y poderoso. La civilización y la economía se planificaron cuidadosamente para maximizar la eficiencia de los recursos y la población. Los alimentos básicos como el trigo, la cebada y el aceite se guardaban en enormes graneros y se repartían entre los ciudadanos. Los impuestos se podían pagar en dinero, alimentos o servicio público, de esta manera, los acadios mantenían sus muros y canales fuertes por medio del trabajo. La lengua acadia se hizo omnipresente en todo el Oriente Medio y se extendió a los territorios cercanos. Se han encontrado tablillas escritas en esta lengua hasta en Egipto.[18]

Sin embargo, en el siglo XXII a. C., el Imperio acadio sufrió y se derrumbó después de haber durado tan solo 180 años. Los historiadores proponen una diversa gama de razones por las que esto pudo suceder, ya que no hay suficiente evidencia arqueológica que indique una causa precisa. La primera idea es que hubo una sequía masiva que diezmó la agricultura del imperio, lo que hizo que su

---

[18] Ibid.

forma de vida fuera insostenible. La segunda es que el imperio simplemente se extendió demasiado lejos y se encontró incapaz de mantener el control sobre las ciudades-estado que luchaban por la independencia. La tercera es que las hordas nómadas descendieron a Mesopotamia y el ejército acadio no era lo suficientemente fuerte para detenerlas. Esta última teoría parece la menos probable, ya que los acadios mantenían un control estricto sobre su territorio inmediato y existen menos evidencias para la hipótesis de los nómadas.

Los descendientes y sucesores de los acadios tenían sus propias ideas. Según una tablilla conservada, la caída del imperio se debió a las acciones sacrílegas del rey Naram-Sin, que escuchó dos oráculos falsos y saqueó un templo protegido por el dios principal Enlil. Como castigo, ocho de los dioses se reunieron y emitieron un juicio sobre el imperio. El texto dice:

Por primera vez desde que se construyeron y fundaron las ciudades,

Las grandes extensiones agrícolas no produjeron ningún grano,

Las extensiones inundadas no produjeron peces,

Los huertos irrigados no producían ni jarabe ni vino,

Las nubes acumuladas no producían lluvia, el masgurum no crecía.

En ese momento, un siclo equivalía a solo medio cuarto de galón de aceite,

El valor de un siclo era solo medio cuarto de galón de grano...

¡Se vendían a esos precios en los mercados de todas las ciudades!

El que dormía en el tejado, moría en el tejado,

El que dormía en la casa, no tenía entierro,

La gente temblaba de hambre."[19]

---

[19] «The Electronic Text Corpus of Sumerian Literature», The University of Oxford, última modificación 2004, http://etcsl.orinst.ox.ac.uk/cgi-bin/etcsl.cgi?text=t.2.1.5# *(en inglés)*.

A medida que la estrella acadia declinaba, la estrella babilonia se elevaba y fundaba uno de los imperios más duraderos de la historia.

Capítulo 5. La dinastía amorrea o los primeros babilonios

Hay pocas pruebas arqueológicas que indiquen cuándo se desarrolló la primera dinastía babilonia, ya que la región posee un alto nivel freático que llevó a la destrucción de antiguos materiales de arcilla. La evidencia que sobrevive hasta hoy tiende a ser documentación real, algo de literatura, así como listas de años y sus correspondientes nombres. Por estas razones, no se sabe mucho sobre la cultura y la sociedad de los primeros babilonios, aunque los historiadores pueden rastrear con claridad los acontecimientos políticos y culturales importantes.

Los orígenes de la dinastía amorrea

La primera dinastía babilonia fue la dinastía amorrea, que duró desde 1894 hasta 1595 a. C. Los amorreos eran un pueblo seminómada que vivía en Mesopotamia y adoptó la lengua acadia mientras el antiguo Imperio acadio aún estaba en el poder. Una vez que la sequía a gran escala azotó la región en el siglo XXII a. C., los amorreos se trasladaron en masa de sus tierras al oeste del Éufrates y cruzaron a un territorio más acadio, donde su estilo de vida se adaptaba mejor a la agricultura minimalista que se podía practicar en esa región. Entonces, los acadios y los asirios —que todavía existían en el norte de Mesopotamia— se concentraron en mantener el territorio cerca de su hogar y abandonaron la parte baja de Mesopotamia. Ante este vacío de poder llegaron los amorreos, que formaron varias ciudades-estado y pequeños reinos.[20]

Uno de estos reinos era el pequeño Kazallu, que incluía la ciudad de Babilonia. Alrededor del año 1894 a. C., Kazallu comenzó a ganar recursos y poder militar. A partir de allí, conquistó gradualmente los otros reinos amorreos y los unió para formar la primera iteración del Imperio babilónico, conocida como la primera dinastía de Babilonia. Esta dinastía comenzó cuando un cacique llamado Sumu-Abum tomó la tierra que contenía la Babilonia de Kazallu e intentó transformarla en un estado menor. Desafortunadamente para él, hubo un diluvio de estados menores atiborrados dentro del territorio amorreo y nunca recibió reconocimiento o el título de rey de Babilonia. Al parecer, esta pequeña ciudad simplemente no era digna de tener un rey propio mientras competía con las demás de la zona.

Sumu-Abum fue reemplazado por numerosos sucesores que, además, no pudieron adquirir la legitimidad de una monarquía, aunque ninguno de ellos lo intentó. Estos tres hombres eran Sumu-la-El, Sabium, y Apil-Sin. El siguiente en gobernar, Sin-Muballit, sería el primer gobernante amorreo en reclamar el título de rey de Babilonia, pero parece que su realeza solo estaba en papel o arcilla. El título oficial aparece solo una vez en las tablillas existentes, lo que indica que no se usaba con frecuencia. No está claro si la ciudad de Babilonia seguía siendo insignificante debido a la falta de ambición o de habilidad de los primeros gobernantes babilonios, o simplemente porque quedó opacada por las demás. Después de todo, Babilonia existía en la misma región que los reinos mucho más antiguos, grandes y poderosos como Asiria, Elam y Larsa.

---

[20] Kemal Yirdirim, *The Ancient Amorites (Amurru) of Mesopotamia*, (LAP Lambert Academic Publishing, 2017) *(en inglés)*.

Hammurabi

Pronto, sin embargo, Babilonia se haría grande con el reinado de su sexto gobernante, el legendario y excepcional Hammurabi. Hammurabi, también conocido como *Hammurapi* en algunos textos antiguos, vivió desde el año 1810 hasta el 1750 a. C. y reinó desde el año 1792 hasta el 1750 a. C. Llegó al poder a la tierna edad de 18 años tras la abdicación de su padre, que estaba enfermo y temía que se acercara su muerte. A Hammurabi se le recuerda a la vez como un conquistador dinámico y eficiente, y también como el creador de uno de los códigos de leyes más veteranos y detallados del mundo antiguo, que se inscribió en una enorme estela negra. Durante su reinado, experimentó un inmenso éxito y conquistó muchos de los otros reinos de Mesopotamia y sus alrededores, incluidos los resistentes Elam, Larsa, Mari y Eshnunna.[21]

Al llegar al trono, las primeras acciones de Hammurabi fueron mejorar la estructura de Babilonia, reformar el ejército y establecer una burocracia con políticas claras de impuestos para reforzar el gasto militar y real. El gobierno dependía menos del poder de los nobles adicionales y se centralizó más, con un sistema de escribas y administradores que podían llevar a cabo los asuntos oficiales con mínimas interrupciones. Hammurabi y sus generales disciplinaron al ejército y se aseguraron de que estuviera equipado con el mejor equipo disponible, lo que significó mejores armas de bronce, armaduras y botas de cuero, escudos, cascos y carros.

Hammurabi obtuvo cierta ayuda en este sentido. Antes de dejar el trono, Sin-Muballit, el padre de Hammurabi, había comenzado un sistema de expansión en los reinos vecinos e intentaba imponer la hegemonía babilónica en todo el sur de Mesopotamia. Sus sueños se vieron frustrados, sin embargo, por la presencia de reinos dominantes en el norte. Hammurabi, por lo tanto, llegó al poder en una situación geopolítica precaria y compleja. Elam, al este, intentaba con

---

[21] Marc Van De Mieroop, *King Hammurabi of Babylon: A Biography*, (Malden: Blackwell Publishing, 2005).

frecuencia exigir tributo a los reinos menores del sur de Mesopotamia, como Babilonia, y los asirios, al norte, controlaban la mayor extensión de territorio y tenían una cultura bien desarrollada y expansiva. Uno de los golpes de suerte de Hammurabi sería la muerte repentina del rey asirio, que dejó el territorio en fragmentos mal protegidos.[22]

Pero durante las primeras décadas de su reinado, Hammurabi tuvo poco que ver con los asuntos de otros estados. En su lugar, se centró en la construcción de su propio reino. No fue hasta que Elam lanzó una invasión al sur de Mesopotamia y destruyó el reino de Eshnunna que Babilonia respondió a los estímulos externos. Después de tomar Eshnunna, el rey de Elam deseaba consolidar su poder. Para ello, intentó iniciar una guerra entre Babilonia y Larsa. Al descubrir la duplicidad, Hammurabi llegó a un acuerdo con el gobernante de Larsa, se dio la vuelta y aplastó a los elamitas. Los babilonios contribuyeron con la mayoría del poderío militar.

Hammurabi comenzó a continuación una prolongada guerra contra el Imperio Asirio al norte, donde se concentraban la mayoría de sus tropas. Intentó controlar Mesopotamia y obtener alguna forma de dominio en la región, especialmente porque Asiria gobernaba sobre los hurritas y los hattitas, el noreste del Levante y el centro de Mesopotamia. La toma del territorio contribuyó a los recursos de Babilonia, así como al acceso a las tierras agrícolas cultivables y a las nuevas rutas comerciales. Hammurabi luchó durante décadas con dos reyes separados: Shamshi-Adad I e Ishme-Dagan, llamado así en honor a una deidad influyente.[23] Con el tiempo, Babilonia se impuso y el nuevo rey de Asiria, Mut-Askur, se vio obligado a pagar tributo a Babilonia al ceder las colonias de Asiria cerca de Anatolia. El siguiente mapa muestra la ubicación de Asiria con respecto a Babilonia, que ocupaba partes de los territorios acadios y sumerios.

---

[22] Ibid.
[23] Ibid.

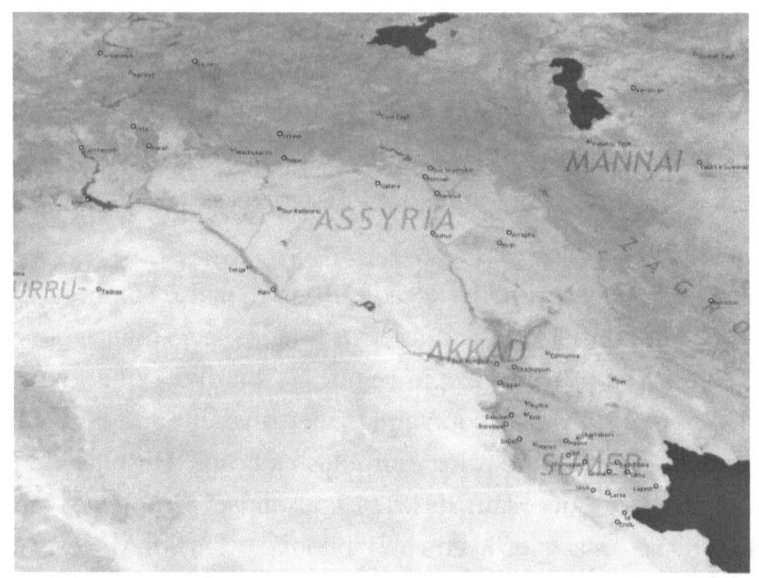

Mientras afirmaba su dominio sobre los asirios, Hammurabi completó su famoso código de leyes, que se basaba en gran medida en fuentes anteriores creadas en Sumeria, Acadia y la propia Asiria. Su creación comenzó poco después de la expulsión de los elamitas y tardó varios años en completarse. El Código de Hammurabi contiene aproximadamente 282 leyes que dictan los castigos y medidas adecuadas para una variedad de crímenes, incluidos el asesinato, el robo, el adulterio y las prácticas médicas inadecuadas. Los castigos eran severos y draconianos, a menudo implicaban la mutilación o la muerte del culpable. Acusar a alguien de un delito del que era inocente provocaba la muerte del acusador. Algunas leyes destacables incluyen:

2. Si alguien hace una acusación contra un hombre y el acusado va al río y se sumerge en él: si se hunde en el río, su acusador tomará posesión de su casa. Pero si el río prueba que el acusado no es culpable y sale ileso, entonces el que había presentado la acusación será condenado a muerte, mientras que el que saltó al río tomará posesión de la casa de su acusador.

25. Si se produce un incendio en una casa y alguien que viene a apagarlo echa un vistazo a la propiedad del dueño de la casa y se apodera de la propiedad del amo de la casa, se le arrojará a ese mismo fuego.

130. Si un hombre viola a la esposa (prometida o niña-esposa) de otro hombre —que nunca ha conocido a un hombre y que aún vive en la casa de su padre— y se acuesta con ella y se sorprende, este hombre será condenado a muerte, pero la esposa es inocente.

141. Si la esposa de un hombre, que vive en su casa, desea abandonarla, se hunde en deudas, trata de arruinar su casa, descuida a su marido y se le condena por vía judicial: si su marido le ofrece la libertad, ella puede seguir su camino y él no le da nada como regalo de liberación. Si su marido no desea liberarla y toma otra esposa, ella permanecerá como sirvienta en la casa de su marido.

195. Si un hijo golpea a su padre, se le cortarán las manos.

196. Si un hombre le saca el ojo a otro hombre, el suyo también se le sacará.[24]

Cambios culturales y decadencia

El ascenso de los babilonios dio lugar a importantes cambios culturales. Uno de los más significativos fue la transición de las grandes ciudades. Antes de Hammurabi, la ciudad mesopotámica más importante era Nippur, donde el dios patrón era Enlil, la deidad principal del panteón. Con Hammurabi, el foco se trasladó a la ciudad de Babilonia y la nueva deidad principal era Marduk, que se originó en el sur de Mesopotamia. La única excepción a esta regla se daba en ciertas partes de la antigua Asiria, donde Asur e Ishtar seguían siendo más influyentes. Además, la alfabetización mejoró entre las clases altas y el número de escribas aumentó. El tamaño y la población de Babilonia y el sur de Mesopotamia en general aumentó,

---

[24] «The Code of Hammurabi», The Avalon Project, Escuela de Derecho de Yale, modificado por última vez en 2017, https://avalon.law.yale.edu/ancient/hamframe.asp *(en inglés)*.

y se crearon numerosos palacios, templos y bajorrelieves para mostrar la nueva prominencia de la zona.

Tras la muerte de Hammurabi, la situación se deterioró con rapidez. El problema con el sur de Mesopotamia era que no existían fronteras geográficas que ofrecieran una protección significativa contra los invasores. Hammurabi fue reemplazado por un líder relativamente ineficaz, Samsu-iluna, que perdió el extremo de la Mesopotamia meridional a manos de un rey de habla acadia. Este territorio tardó 272 años en volver a unirse al resto de Babilonia y se convirtió en la Dinastía del País del Mar. Posteriormente, los asirios del norte presionaron a los babilonios y reclamaron el territorio después de seis años de guerra. Aunque varios gobernantes lucharon por recuperar la Dinastía del País del Mar y secciones de Asiria, fracasaron. En lugar de eso, otros dos reyes se centraron en proyectos de construcción.

El último gobernante amorreo de Babilonia fue Samsu-Ditana, que luchó contra los casitas.[25] Los casitas eran un grupo inusual que hablaba un idioma aislado y provenía del noroeste de Irán contemporáneo. Se despojaron del poder babilonio y les siguieron los hititas alrededor del año 1595 a. C. Los hititas saquearon Babilonia y dejaron la región con una ciudad destruida, lista para que los casitas la tomaran. Los historiadores no están seguros del año exacto del saqueo de Babilonia, pero dan tres posibles fechas: 1499 a. C., 1531 a. C. y 1595 a. C.

---

[25] Yildirim, *The Ancient Amorites (en inglés)*.

Capítulo 6. La primera caída de Babilonia y el ascenso de los casitas

Gandash de Mari fundó la dinastía de los casitas en Mesopotamia y posiblemente lideró la invasión de Babilonia, aunque las fuentes no están claras. Al igual que los amorreos, los casitas no eran nativos de Mesopotamia y en su lugar migraron desde la cordillera de Zagros en el noroeste de Irán. No queda ninguna evidencia genética para que los científicos puedan averiguar la afiliación étnica exacta de los casitas, pero no pertenecían al mismo grupo lingüístico general de los babilonios ni a ninguna otra civilización de Mesopotamia o del cercano Levante. Es totalmente posible que los casitas fueran un pueblo aislado, aunque algunos sospechan que en realidad eran indoeuropeos y que hablaban un dialecto que se había transformado debido a un contacto limitado con otras lenguas.[26]

Los casitas tuvieron la dinastía más larga que jamás había existido en Babilonia. Cambiaron el nombre de la ciudad a Karduniaš e hicieron varios cambios en el papel general de la monarquía.

---

[26] L.W. King, *Chronicles concerning early Babylonian kings: including records of the early history of the Kassites and the country of the sea,* (London: Luzac and co., 2014) *(en inglés).*

Anteriormente, el rey era visto como una figura divina y podía ser deificado. Ninguno de los gobernantes casitas incluyó nunca atributos divinos en sus descripciones personales y se separaron de la idea general de que ser rey era un oficio sagrado. Ninguno de ellos añadió nunca la palabra *dios* a sus nombres tampoco, lo cual había sido una práctica muy común en toda Mesopotamia. Sin embargo, a pesar de estos cambios, Babilonia seguía siendo una de las ciudades más sagradas de la región y los sacerdotes de la religión mesopotámica conservaban su poder. El panteón se mantuvo relativamente sin cambios.

De hecho, los casitas cambiaron poco. Sus únicas contribuciones importantes fueron la incorporación de la lengua casita, aunque muchos cambiaron al acadio; la retención de una estructura tribal en lugar de pequeñas unidades familiares; y la adición artística de piedras especiales talladas llamadas kudurrus, que se utilizaban como marcadores de límites en todo el imperio.

Los casitas demostraron ser monarcas débiles. Aunque se las arreglaron para entrar en el territorio babilónico, no llegaron más lejos durante más de un siglo. En su lugar, los reyes se enfocaron en mantener relaciones pacíficas con sus vecinos. Después de Gandash de Mari vino Agum II, que ascendió al trono en el año 1595 a. C. Su territorio se extendió hacia el sur desde el punto medio del río Éufrates hasta el Irán actual, y Agum II se dio cuenta de que sería difícil gestionar una superficie de tierra tan grande si iba a la guerra con sus vecinos. En cambio, mantuvo relaciones pacíficas con las potencias más cercanas, incluido el rey de Asiria al norte. Los únicos con los que luchó fueron los hititas, que seguían queriendo reclamar parte del territorio babilónico después de saquear la ciudad. Durante su reinado, proclamó que Marduk, la deidad patrona de Babilonia, era igual al dios Shuqamuna de los casitas.[27]

---

[27] Ibid.

Los sucesores de Agum II también se mantuvieron al margen y se centraron en convertir a Babilonia en un estado territorial cohesivo en lugar de un conjunto de ciudades poderosas. Aunque frecuentemente eclipsada por sus grandes vecinos como Elam y Asiria, Babilonia estableció importantes rutas comerciales y llevó a cabo una exitosa diplomacia a través de tratados matrimoniales con Asiria. Los comerciantes y mercaderes extranjeros acudían en masa a Babilonia para intercambiar bienes y los casitas empezaron a enviar a sus propios comerciantes y mercaderes hasta Egipto para adquirir lujos como el oro nubio. Después de construir el estado en un imperio estable, los casitas comenzaron a avanzar hacia el sur para tomar la punta de Mesopotamia reclamada por la dinastía del País del Mar. Tuvieron éxito y la volvieron a unir al imperio.

Para mantener el control sobre su territorio, los casitas dividieron el imperio en provincias más pequeñas supervisadas por un influyente gobernador leal a la corona. También establecieron dos ciudades reales, manteniendo a Babilonia como una y designando a Dur-Kurigalzu como la otra. Los centros provinciales se convirtieron en importantes centros de comercio y fuentes de cultura, aunque los propios casitas no lograron difundir la alfabetización y la literatura durante su reinado. Los templos y edificios importantes fueron derribados o meticulosamente renovados y reconstruidos para cimentar aún más el significado de las ciudades.

Todo parecía ir bien para los casitas hasta que las relaciones con Asiria se deterioraron. A mediados del siglo XV a. C., Kurigalzu I y Ashur-bel-nisheshu firmaron un tratado para favorecer la paz y el comercio, pero los siguientes siglos se pasaron luchando por el dominio en Mesopotamia. Los problemas se intensificaron cuando Ashur-uballit I subió al trono asirio en 1365 a. C. y solicitó ayuda a los hititas y egipcios para convertirse en la mayor potencia de la región. Ashur-uballit I saqueó Babilonia después de que el esposo de su hija, el rey de los casitas, apareciera asesinado. Para vengar a su yerno, depuso al nuevo monarca y eligió un nuevo gobernante de la línea de los casitas.

Otros ataques vinieron de los siguientes gobernantes de Asiria por varias razones. Algunos, como Enlil-nirari (1330-1319 a. C.) trataron de expandirse en el territorio babilonio y lograron la asimilación de partes del territorio al imperio asirio. Otros deseaban la conquista total, y Tukulti-Ninurta I (1244-1208 a. C.) incluso lo logró y gobernó toda Babilonia durante ocho años desde la propia ciudad. Sería el primer rey de Babilonia en ser étnicamente mesopotámico, ya que los amorreos y los casitas eran todos forasteros.

Finalmente, un gobernador asirio se hizo cargo del trono de la monarquía y los generales del rey pudieron regresar a la sección principal de Asiria en lugar de quedarse y gobernar. Una serie de gobernadores gobernaron en Babilonia en su lugar hasta que Adad-shuma-usur (1216-1189 a. C.) decidió a finales de su reinado separarse de Asiria y una vez más intentar formar un imperio babilónico independiente. Se enfrentó al rey, Enlil-kudurri-usur, hasta su muerte y una guerra civil siguió después. Lentamente, Babilonia dejó de lado los obstáculos de Asiria y los casitas volvieron a formar un imperio semi-independiente.[28]

Meli-Shipak II continuó y mantuvo un reinado pacífico al no perder ningún territorio y no sufrir el colapso de la Edad de Bronce tardía que diezmó las potencias del Levante, el reino de Canaán y el Imperio egipcio al oeste. Los dos reyes siguientes no tuvieron tanta suerte y experimentaron una guerra prolongada con los asirios, que reanudaron sus políticas expansionistas e intentaron tomar el norte de Babilonia entre los años 1171 y 1155 a. C. Luego Elam atacó y tomó la mayor parte de Babilonia oriental y la incorporó a su reino. En 1155 a. C., la dinastía casita cayó una vez que los asirios y los elamitas consiguieron destrozar Babilonia, saquear la ciudad y asesinar al último rey casita.

---

[28] Ibid.

Dinastía IV de Babilonia

Los siguientes gobernantes de Babilonia fueron los elamitas. No mantuvieron el territorio por mucho tiempo, ya que sus tendencias expansionistas los llevaron a enfrentarse con los igualmente voraces asirios, que deseaban reclamar toda la Mesopotamia para ellos. Elam y Asiria entraron en una guerra brutal que resultó en una derrota de los elamitas, una victoria asiria y en la creación de una nueva dinastía mesopotámica en Babilonia. El primer gobernante fue Marduk-kabit-ahheshu, que gobernó entre 1155 y 139 a. C. Fue el segundo mesopotámico nativo en ocupar el trono y estableció la Dinastía IV de Babilonia, que perduró 125 años. Aunque provenía de Asiria, Marduk-kabit-ahheshu finalmente se enfrentó a la monarquía asiria por el territorio fronterizo. Aunque capturó la ciudad sureña de Ekallatum, la perdió y fue derrotado por el Rey Ashur-Dan I.

Los dos siguientes reyes también intentaron conquistar secciones de Asiria, pero fracasaron y se vieron obligados a firmar tratados desfavorables que le costaron a Babilonia tierras y recursos. Entonces llegó otro monarca próspero, uno que es bien conocido por los lectores contemporáneos: Nabucodonosor I (1124-1103 a. C.).

Nabucodonosor I fue el gobernante más exitoso de la Dinastía IV. A diferencia de sus predecesores, poseía conocimientos avanzados de estrategia militar y conquista y tuvo éxito en la derrota de los elamitas y su expulsión de Babilonia. Llegó a seguir a los soldados hasta el mismo Elam, tomó la capital de Susa y devolvió a Babilonia varios artefactos sagrados, robados durante las conquistas anteriores. Elam se desintegró después del asesinato de su rey, lo que eliminó por completo el estado como amenaza durante la vida de Nabucodonosor I.

Posteriormente, Nabucodonosor I intentó expandirse al territorio asirio, es decir, a las regiones de Aram y Anatolia. Sin embargo, no tuvo éxito y optó por dedicar su tiempo al fortalecimiento y embellecimiento de Babilonia en su vejez. Mientras hacía esto, reforzó las defensas del imperio, especialmente contra los asirios y arameos, que eran otro grupo que poco a poco se alzaba sobre los cadáveres de sus vecinos. Después de su muerte, sus dos hijos arruinaron sus logros. El primero perdió pequeñas secciones del territorio babilonio a manos de Asiria, pero el segundo realmente fracasó al declarar una guerra abierta y perder de manera catastrófica ante el rey de la época, Tiglat-Pileser I (1115-1076 a. C.).[29]

Tiglath-Pileser I anexó grandes extensiones de tierra, expandiendo su propio imperio mientras debilitaba significativamente a los babilonios. Entonces, la hambruna golpeó. La población de Babilonia moría de hambre y los militares se debilitaban por la falta de alimentos y recursos. Como buitres que se alimentan de un animal moribundo, los pueblos del Levante se abalanzaron sobre Babilonia e intentaron despojar el territorio de cualquier resto de objetos y recursos valiosos. Los reyes no pudieron detener el ataque de los arameos semitas y los suteanos del Levante. Al mismo tiempo, las relaciones con Asiria se agriaron hasta el punto de que Asiria invadió, depuso al rey y convirtió a Babilonia en un vasallo. No fue hasta que el Imperio Asirio Medio cayó en una costosa guerra civil que los babilonios pudieron escapar del vasallaje y recuperar la independencia una vez más.

En realidad, no se les dejó solos. Desde el oeste vinieron nuevos grupos de pueblos de habla semítica que buscaban emigrar del Levante tras los estragos y el caos causado por el colapso de la Edad de Bronce o el colapso de la civilización debido a una combinación de factores ambientales y militares. Estos pueblos tendían a ser arameos y sutecos, que se apoderaban de enormes secciones de los campos de Babilonia y se negaban a marcharse.

---

[29] A. Kirk Grayson, *Assyrian Rulers of the Early First Millennium BCE (1114-859 BC)*, (Toronto: University of Toronto Press, 1991) *(en inglés)*.

Un siglo de caos, 1026-911 a. C.

Los merodeadores arameos lograron deponer a la dinastía babilonia gobernante alrededor del 1026 a. C., lo que hundió a la capital en el caos. La anarquía gobernó durante veinte años, durante los cuales no hubo ningún monarca en el trono. Con el tiempo, una nueva dinastía se desarrolló en el sur de Mesopotamia, alrededor de la ubicación de la antigua Dinastía del País del Mar, que había sido incorporada a Babilonia una vez más por los casitas. Esta nueva dinastía, conocida como Dinastía V, solo duró de 1025 a 1004 a. C., pero logró eliminar parte del caos del imperio. Babilonia aún terminó perdiendo el territorio norteño a los asirios, incluida la ciudad de Atila.

Varias dinastías más cortas siguieron, una gobernada por los casitas y otra por los amorreos que quedaban. Cayeron rápidamente, y los arameos una vez más asaltaron el campo y provocaron la anarquía en las ciudades. De nuevo, dos dinastías cortas aparecieron y llevaron a Babilonia a la Dinastía IX con el rey Ninurta-kudurri-usur II. Aunque débil y golpeada por hordas de arameos y suteanos, Babilonia una vez más tuvo a alguien sentado firmemente en el trono. Aún más territorio terminó en manos de los asirios y los elamitas.

Capítulo 7. La dominación y el gobierno asirio, 911-619 a. C.

Babilonia sufrió durante el resto del siglo X a. C., ya que el caos era el nombre del juego. El gobierno no pudo reorganizarse y los recursos se volvieron escasos. Las migraciones posteriores de los nómadas hicieron difícil que la población se conservara. Algunos de los recién llegados fueron los caldeos, que entraron en el sureste y establecieron asentamientos permanentes. Este grupo fue otra cultura de habla semítica que se sumó y contribuyó en gran medida a la sociedad babilonia en general. Hacia el 850 a. C., los caldeos establecieron su propia tierra en el territorio babilonio y comenzaron a transmitir su cultura hacia el norte a través de la migración natural, el comercio y la interacción humana.

Además de los grupos migratorios itinerantes, Babilonia se enfrentó a luchas adicionales a través de la formación del Imperio neoasirio en el año 911 a. C. El Imperio neoasirio no solo fue el mayor imperio mesopotámico hasta la fecha, sino también el más grande en la historia del mundo. Conquistó gran parte del mundo conocido en Mesopotamia, el Levante y otras secciones del noreste de África y el oeste de Asia. Entre sus territorios se encontraban la propia Babilonia, Persia, Israel, Judá, secciones de Egipto y los florecientes estados de Arabia. Este mapa muestra su extensión:

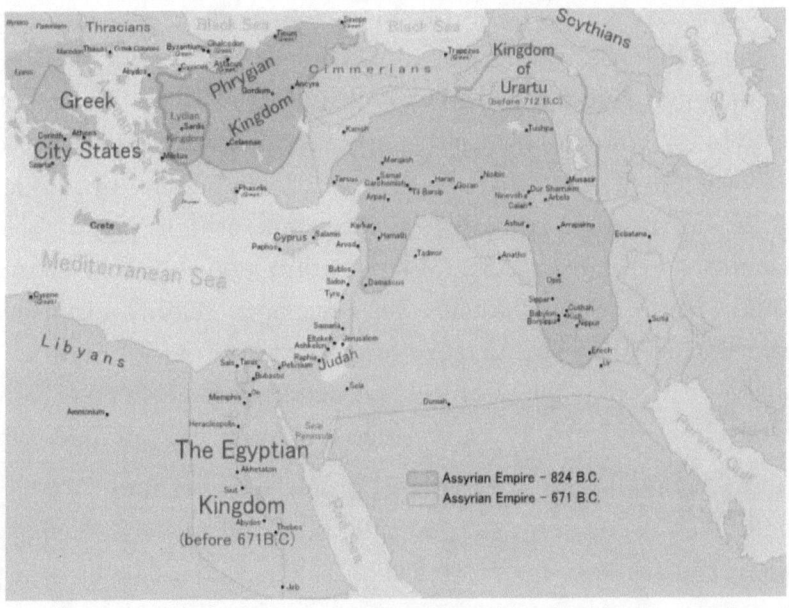

El Imperio neoasirio

El fundador del imperio fue un hombre llamado Adad-nirari II. Entró en Babilonia, conquistó grandes secciones de ella y finalmente consiguió que toda la región estuviera bajo su control. Empezó por atacar y derrotar a uno de los líderes de Babilonia, Shamash-mudammiq e invadió tierras al norte del río Diyala y varias ciudades importantes en el centro de Mesopotamia. Continuó su avance cuando un nuevo líder tomó el control, esta vez Nabu-shuma-ukin I. Los sucesores de Shamash-mudammiq, Tukulti-Ninurta II y Ashurnasirpal II, consolidaron su dominio sobre Babilonia y la obligaron oficialmente a convertirse en vasallo del mucho mayor Imperio neoasirio. Esto significaba que ahora tenía que pagar tributo y esencialmente renunciar a recursos militares o económicos tal y como exigían los asirios.

Después de Ashurnasirpal II, el siguiente líder asirio, Shalmaneser III, logró saquear la ciudad de Babilonia, matar al rey babilonio y tomar el control de las tribus migratorias invasoras que dominaban el sur de Babilonia, entre ellas los caldeos. Los gobernantes de Babilonia permanecieron como vasallos hasta el 780 a. C. Entonces, el extranjero Marduk-apla-usur se aprovechó de una guerra civil que tuvo lugar en Asiria y ascendió al trono de Babilonia. Era caldeo y rápidamente provocó la ira de los gobernantes asirios, que no estaban contentos con su usurpación. El rey asirio descendió en el mapa, retomó el norte de Babilonia e hizo firmar a Marduk-apla-usur un nuevo tratado fronterizo que le otorgaba más territorio a Asiria. Sin embargo, a Marduk-apla-usur se le permitió permanecer en el trono y gobernó hasta el 769 a. C. Otro caldeo tomó el trono y después otro.[30]

Otro babilonio no retomaría el trono hasta el año 748 a. C., cuando Nabonasar derrocó a los caldeos, estabilizó Babilonia bajo su gobierno y mantuvo buenas relaciones con Asiria. Mantuvo la paz durante tres años hasta que un nuevo rey asirio llegó al poder y una vez más intentó conquistar Babilonia. Este líder, Tiglat Pileser III, saqueó Babilonia de nuevo y la convirtió en un estado vasallo. Esta situación continuó hasta el 729 a. C., cuando la línea real asiria decidió incorporar a Babilonia a su imperio en lugar de confiar en el vasallaje de los reyes babilonios, que eran claramente poco fiables y malos en su trabajo.

En esta época, el acadio babilonio dejó de ser el idioma principal, ya que los asirios comenzaron a incorporar su propio idioma. Este era el arameo oriental, que poseía un par de diferencias lingüísticas. La cultura asiria además se abrió camino a través de Mesopotamia, desplazando muchas prácticas originales. Estos cambios continuaron incluso cuando se empezaban a formar revueltas en la antigua Babilonia.

---

[30] Trevor Bryce, *Babylonia: A Very Short Introduction* (Oxford: Oxford University Press, 2016) *(en inglés)*.

Un cacique caldeo del sur de Babilonia llamado Marduk-apla-iddina II fomentó el descontento, la revuelta y obtuvo un inmenso apoyo no solo de otros caldeos, sino también de los elamitas del este. Este nuevo individuo hambriento de poder logró ganar el trono en Babilonia y gobernó entre el 721 y el 710 a. C. La razón principal de su éxito fue que el rey asirio, Sargón II, estaba ocupado intentando acabar con dos grupos conocidos como los cimerios y los escitas, que habían atacado a vasallos asirios fuera de Mesopotamia. Cuando el rey no está, es hora de que los usurpadores jueguen, después de todo.

Desafortunadamente para este usurpador, el rey regresó. Sargón II derrotó a Marduk-apla-iddina II y lo echó del palacio. Marduk-apla-iddina II huyó a Elam, donde vivió con algunos de sus antiguos aliados y protectores. Sargón II se convirtió en el nuevo rey de Babilonia.[31]

Sargón II siguió siendo un gobernante exitoso y eficiente hasta que murió en la batalla alrededor del 705 a. C. Sus soldados no pudieron recuperar su cuerpo, y la autoridad y el trono pasaron a su hijo, Senaquerib. Tras unos años de gobierno directo, Senaquerib decidió pasar el trono de Babilonia a su propio hijo para poder centrarse más en la conquista y el resto del Imperio neoasirio. Las luchas y la guerra pronto llegaron a Babilonia de nuevo cuando los elamitas trataron de tomar el territorio una vez más. Un elamita, Nergal-ushezib, mató al príncipe asirio en Babilonia y ganó poder, lo que llevó a Senaquerib a regresar, derrotar a Elam y saquear la ciudad de Babilonia una vez más, destruyendo la ciudad de manera total. La población estaba sin duda encantada con el saqueo una vez más, pero no quedan fuentes que den una perspectiva del pueblo sobre la constante agitación política y la guerra.

---

[31] Ibid.

Esto pudo haber sido el final, pero en la verdadera forma histórica, no lo fue. Los otros hijos de Senaquerib eligieron asesinar a su padre mientras rezaba en un templo en Nínive en el 681 a. C., dejando un vacío de poder. El nuevo rey asirio colocó un líder títere en el trono de Babilonia cuando quien debía regresar era Marduk-apla-iddina II. Depuso al rey títere y tomó el poder una vez más, solo para ser derrotado por Esarhaddon. Marduk-apla-iddina II una vez más huyó a Elam con el rabo entre las piernas, donde finalmente murió en el exilio.

El rey asirio Esarhaddon fue potencialmente lo mejor que le pasó a la ciudad de Babilonia en aquella época. Después de derrotar a Marduk-apla-iddina II, volvió a Babilonia y la gobernó personalmente. Eligió reconstruir la ciudad y centrarse en la paz en lugar de la expansión. Al morir, mantuvo unido el Imperio neoasirio, pero pidió que su hijo mayor gobernara en Babilonia y su hijo menor, el famoso Asurbanipal, gobernara como el rey más influyente de Asiria.[32]

Cualquiera que sepa algo sobre los hermanos intuirá cómo le fue con esta decisión. El hijo mayor, Shamash-shum-ukin, pasó décadas como súbdito de Ashurbanipal y finalmente se hartó de la situación. Declaró públicamente que Babilonia, no Nínive, debería ser la capital del imperio, formó un ejército y se rebeló contra Ashurbanipal. Combinó las fuerzas de casi todos los que estaban resentidos con el dominio y la subyugación asiria, incluidos los propios babilonios, los persas, elamitas, caldeos, medos, arameos y otros. Desafortunadamente para Shamash-shum-ukin, Ashurbanipal era tanto un erudito como un hábil estratega. Destruyó y diezmó completamente las fuerzas de su hermano, saqueando Babilonia una vez más, destruyendo a Elam y subyugando a todos los pueblos que se le oponían a través de la violencia, la brutalidad y el salvajismo. Por suerte para Shamash-shum-ukin, el hermano mayor murió en la

---

[32] Ibid.

batalla y no vivió para ver la ira de su hermano pequeño. A un nuevo gobernador llamado Kandalanu se le dio Babilonia para gobernar.

¿Había llegado la hora de la paz? No.

Como todos los mortales, Ashurbanipal murió. Su hijo, Ashur-etil-ilani, tomó el trono tras el fallecimiento de Ashurbanipal en el 627 a. C. e intentó ser un gobernante victorioso, pero el Imperio neoasirio se convirtió en escenario de enrevesadas y salvajes guerras civiles cuando los generales y otros nobles de Ashurbanipal intentaron arrebatarle el poder al joven rey. Algunos historiadores creen que estas batallas se vieron exacerbadas por las malas condiciones ambientales que dieron lugar a una gran sequía y a la limitación de los recursos.[33] A Ashur-etil-ilani lo traicionó su propio comandante militar, quien fue expulsado después de solo un año por otro hombre. Este hombre, llamado Sinsharishkun, gobernó entre el 622 y el 612 a. C. antes de sucumbir a los estragos del conflicto civil que estaba teniendo lugar.

Durante toda esta agitación, Babilonia aprovechó la oportunidad para liberarse. Un caldeo llamado Nabopolassar organizó una rebelión y una revuelta a gran escala, liberando finalmente la región y poniendo fin a los siglos de tributo y vasallaje que caracterizaron a Babilonia bajo los asirios.

---

[33] Adam W. Schneider and Selim F. Adali, ""No harvest was reaped:" demographic and climate factors in the decline of the Neo-Assyrian Empire", *Climate Change* 127, no. 3 (2014): 435-446 *(en inglés)*.

Capítulo 8. El Imperio neobabilónico

Los problemas asirios de Babilonia no habían terminado, pero los tiempos del control asirio habían llegado a su fin. Pronto, el Imperio neoasirio sería reemplazado por el neobabilónico, ya que los babilonios descubrieron su nueva posición de poder sobre Mesopotamia. El viaje a un nuevo imperio comenzó con el caldeo Nabopolassar, que preparó el terreno para un estado babilónico independiente.[34] Él sería el fundador de una nueva dinastía llamada Dinastía XI, que sobrevivió hasta aproximadamente el 539 a. C. y consistía en seis gobernantes:

- Nabopolasar: de 626-605 a. C.
- Ninurta-kudurri-usur II (Nabucodonosor II): de 605-562 a. C.
- Amel-Marduk: de 562-560 a. C.
- Nabopolasar: de 560-556 a. C.
- Neriglissar: de 560-556 a. C.
- Nabonidus: de 556-539 a. C.

---

[34] Bryce, *Babylonia (en inglés)*.

Estos reyes controlaron el Imperio neobabilónico durante casi un siglo. Sin su labor, Babilonia no habría podido escapar a una mayor dominación por parte de fuerzas externas, especialmente cuando cada vez más grupos étnicos y tribus luchaban por controlar el mismo territorio. El Imperio neobabilónico representó una edad de oro única para Babilonia antes de que finalmente se hundiera una vez más en el vasallaje y la oscuridad por la enorme presión de todas estas fuerzas externas, así como por el surgimiento de una nueva amenaza. Pero antes de que llegara la sombra de un imperio rival, la historia comenzó con Nabopolasar.

Nabopolasar

Nabopolasar logró ocupar el trono en Babilonia sin ser molestado durante tres años, mientras que las sangrientas guerras civiles se iban produciendo en Asiria. Con el tiempo, sin embargo, un aspirante al trono consolidó su poder y puso sus ojos una vez más en el sur de Mesopotamia. Se trataba de Sin-shar-ishkun, que había asesinado a su hermano en la batalla, se apoderó del trono asirio y se centró en la conquista de Babilonia una vez más. Nabopolasar no era un guerrero inexperto y había esperado la resistencia asiria a la independencia de Babilonia. Aunque las fuerzas asirias se quedaron acampadas a lo largo de las fronteras de Babilonia durante siete años, Nabopolasar se resistía a la invasión. Admitió que le ayudó el hecho de que las guerras civiles asirias continuaban, distrayendo a menudo a su enemigo.

Nabopolasar también se abrió camino en la propia Asiria, capturando la influyente ciudad de Nippur en el 619 a. C. Nippur era parte de Babilonia, pero había sido uno de los centros del sentimiento proasirio, lo que significa que su conquista fue una maniobra política significativa para el futuro rey de una nueva Babilonia. Nabopolassar continuó consolidando su dominio en el sur de Mesopotamia y vio como las otras colonias asirias comenzaban lentamente a liberarse del vasallaje y la servidumbre.

Las ruinas de Nippur en el Iraq moderno

Alrededor del 616 a. C., Nabopolasar trató de tomar territorio de los restos del Imperio neoasirio. Asedió las ciudades de Arrapha y Assur, pero Sin-shar-ishkun se esperaba el ataque y obligó a los babilonios a regresar a sus propias tierras. Aquí, las dos fuerzas se quedaron en un punto muerto. Ni Asiria ni Babilonia poseían ningún poder para eliminar a la otra, obligándolos a convertirse en vecinos descontentos.

El punto muerto terminó cuando un antiguo vasallo de los asirios, un líder llamado Cyaxares, atacó a Sin-shar-ishkun. Cyaxares gobernó sobre varios grupos étnicos iraníes diferentes como los partos, los medos y los persas. Atacó en el 615 a. C., saqueó a Arrapha, destruyó Kalhu —también llamado Nimrud en fuentes contemporáneas— y luego formó una alianza con los cimerios y escitas. Juntas, las tres fuerzas sitiaron y conquistaron Assur. Nabopolasar y los babilonios no se involucraron, pero aun así se beneficiaron enormemente de la destrucción del poder asirio. Nabopolasar eligió formar alianzas con estas nuevas potencias, firmando tratados con los medos, escitas, persas, cimerios y otros pueblos iraníes.

Alrededor del año 613 a. C., los asirios se reunieron y consiguieron repeler los esfuerzos concertados de los babilonios y sus nuevos aliados. Esto llevó a Nabopolassar a combinar sus fuerzas con Ciaxares para crear un gran ejército formado por más de seis tribus/grupos culturales diferentes. Juntos, el sexteto convergió en la capital asiria de Nínive. El tamaño del ejército resultó ser demasiado grande para los asirios debilitados y las murallas de la ciudad se desmoronaron tras un asedio de tres meses. Luego, la lucha continuó a menor escala, con fuerzas que luchaban casa por casa dentro de la enorme ciudad. Pronto, Sin-shar-ishkun murió defendiendo la ciudad.[35]

Las fuentes se vuelven un poco turbias sobre lo que pasó después. Una serie de tablillas conocidas como las *Crónicas de Babilonia* indican que un general asirio se convirtió brevemente en rey y se le ofreció la oportunidad de convertirse en vasallo de la coalición que sitiaba Nínive. Según todos los indicios, el general se negó, luchó por salir de la ciudad y creó una nueva capital en la ciudad de Harran. Aquí, se las arregló para mantener una base de poder durante cinco años antes de que Harran se perdiera en el 608 a. C. Con la mayoría de las fuerzas asirias destruidas, era el momento de dirigir la atención de Babilonia a los egipcios.

El faraón Necho II se involucró en la guerra de Mesopotamia alrededor del 609 a. C. Los egipcios fueron uno de los vasallos de Asiria e intentaron ayudar a sus antiguos comandantes, pero se vieron lentamente superados en número a pesar de que trajeron mercenarios griegos y se les unió lo que quedaba del ejército asirio. Babilonia, todavía dirigida por Nabopolasar, pasó años intentando hacer retroceder a los egipcios, ayudados por sus nuevos aliados de Siria, Israel y algunos lugares de Arabia y Asia Menor. Ayudando a Nabopolasar estaba su hijo, Nabucodonosor II (Nabu-kudurri-usur II), que fue uno de los mejores comandantes militares vistos en Babilonia en años.

---

[35] Ibid.

La guerra entre los antiguos vasallos asirios y los egipcios culminó en la batalla de Carchemish en el 605 a. C. No hay buenos registros de esta batalla, ya que la fuente de información más completa proviene de una tablilla conocida como la Crónica de Nabucodonosor, que naturalmente elogia al comandante babilonio y afirma que tuvo una victoria decisiva. Los historiadores saben que los antiguos vasallos asirios entraron en batalla con un total de 18.000 soldados, mientras que los egipcios tenían 40.000. A través de una estrategia militar superior y aprovechando los recursos naturales, Nabucodonosor II derrotó al ejército egipcio, infligiendo el máximo de daños y las pérdidas mínimas.

Nabucodonosor II

Ya no había dominación neoasiria. El norte de Mesopotamia pasó a manos de los medos, mientras que los babilonios se centraron en reconstruir su territorio en el sur. Nabopolasar murió en el 605 a. C., y Nabucodonosor II se convirtió en rey en su lugar. Nabucodonosor II vivió uno de los reinados más largos de todos los reyes babilonios y se hizo muy conocido por sus proyectos de construcción en todo el imperio. Reconstruyó todas las ciudades arruinadas, saqueadas y destruidas del imperio, rediseñándolas y construyendo a una escala verdaderamente extravagante con nuevos muros, templos y obras de arte.[36]

Babilonia se convirtió en una ciudad de leyenda: hermosa, inmensa, espectacular, y caracterizada por una inusual y encantadora arquitectura. Babilonia se extendía a lo largo de tres millas cuadradas, lo que no fue una hazaña fácil durante la Edad de Hierro. Nabucodonosor II la dotó de dobles muros para mantener alejados a los invasores —posiblemente debido a todos los saqueos— y construyó profundos fosos para una mayor protección. El río Éufrates parecía atravesar el centro de la ciudad, proporcionando belleza estética, pero también los aspectos prácticos de una ruta comercial cercana, así

---

[36] Ibid.

como agua dulce. En su centro, se colocó un zigurat conocido como Etemenanki cerca del Templo de Marduk, el dios patrón de la ciudad. Los historiadores creen que Etemenanki fue la inspiración de la Torre de Babel de la leyenda.

La Torre de Babel de Pieter Bruegel el Viejo, 1563

Las ruinas de la Babilonia que Nabucodonosor II construyó siguen siendo el sitio arqueológico más grande de Oriente Medio. Se extienden por más de 2.000 acres de tierra e incluyen grandes restos como la Puerta de Ishtar y el Camino de la Procesión. La Puerta de Ishtar fue una entrada extremadamente lujosa a la ciudad de Babilonia y fue construida como la octava puerta del centro de la ciudad. Estaba dedicada a la diosa Ishtar.

Además de centrarse en el desarrollo nacional, Nabucodonosor II continuó su labor como un exitoso comandante militar. Invadió Siria y Fenicia y obligó a varias ciudades y territorios importantes a convertirse en vasallos de Babilonia, entre ellos Tiro y Damasco. También fue a Asia Menor y comenzó a construir colonias allí para recibir un suministro constante de tributos y recursos. El Imperio neobabilónico se convirtió en algo parecido al de los neoasirios, obligados a hacer campaña todos los años solo para mantener su territorio. Si Nabucodonosor II no lo hacía, los vasallos se rebelaban.[37]

Alrededor del 601 a. C., Nabucodonosor II se enfrentó una vez más con los egipcios, luego pasó a conquistar partes de Arabia y después capturó Jerusalén en 597. Sin embargo, los egipcios pronto marcharon en un intento de recuperar el control en el Oriente Próximo. Los babilonios se ocuparon brevemente de tratar de defenderse de las hordas del último faraón, y Judá aprovechó la oportunidad para rebelarse y tratar de restablecer su independencia. Nabucodonosor II regresó enseguida, capturó Jerusalén en el 587 a. C., destruyó el famoso Templo de Salomón, deportó a miles de judíos a Babilonia y quemó la ciudad hasta los cimientos. Aunque tenía buenas cualidades, Nabucodonosor II fue nada menos que brutal con sus enemigos.

Una década antes de su muerte, Nabucodonosor II había extendido el Imperio neobabilónico a su mayor alcance. El territorio no solo abarcaba Babilonia, sino también Asiria, Israel, el norte de Arabia, una buena parte de Asia Menor, Fenicia y Filistea. Él incluso llegó a invadir Egipto en el 568 a. C., pero no tuvo éxito con la invasión completa.

Los otros cuatro reyes de la Dinastía XI

Los otros cuatro gobernantes del Imperio neobabilónico no tuvieron tanto éxito como los dos primeros. Cuando Nabucodonosor II falleció en el 562 a. C., fue reemplazado por su hijo, Amel-Marduk. Este no gobernó por mucho tiempo, ya que su cuñado, Neriglissar, parece haberlo asesinado y tomó su lugar en el 560 a. C. ¿Por qué? Algunos piensan que Amel-Marduk fue ineficaz e intentó acabar con la política de su padre en relación con los territorios y estados vasallos, que no salió bien. Según todos los indicios, Neriglissar fue un gobernante razonable y estable que continuó la

---

[37] Josette Elayi, *The History of Phoenicia*, (Lockwood Press, 2018) *(en inglés).*

tendencia de las obras públicas durante los breves cuatro años que estuvo en el poder. Se dedicó a restaurar algunos de los templos más antiguos y derrotó con éxito a la potencia de Cilicia en Asia Menor.[38]

Neriglissar murió joven en el 556 a. C. y el poder pasó a su hijo, que era solo un niño. Pasaron nueve meses hasta que surgió una conspiración para asesinar al niño, Labashi-Marduk. Los conspiradores nombraron a un hombre llamado Nabónido como el nuevo rey. Él sería el último gobernante y la mayoría cree que no era de etnia babilonia o caldea, sino asirio de Harran. Incluso se describió a sí mismo como de origen insignificante, aunque su madre parecía haber sido una sacerdotisa o sirvienta en el templo de un dios de la luna mientras que su padre era un plebeyo.

Aunque Nabónido fue un gran soldado, no tenía sensatez en cuanto a la administración y frecuentemente dejaba a su hijo a cargo del reino. Por si fuera poco, llegó a ser odiado porque intentó acabar con la adoración de Marduk, el dios patrón de Babilonia y, en su lugar, quiso elevar a los adoradores de Sin, el dios asirio de la luna. El fin de Nabónido llegaría a manos de los persas, que crecían en fuerza en el este y formaban un poderoso imperio bajo Ciro el Grande, que tenía numerosos partidarios en la propia Babilonia.

---

[38] Ibid.

Capítulo 9. La conquista persa y el período helenístico

Tal vez Babilonia no hubiera caído si Nabónido hubiera sido mejor gobernante, pero las probabilidades estaban en su contra. La población expresaba repetidamente su insatisfacción con sus nuevas políticas sociales y culturales, pero él no escuchaba. Continuó elevando el estatus del culto al Sin, al mismo tiempo que hacía retroceder a Marduk. Cuando decidió centrarse en Marduk, intentó centralizar el culto en el propio templo de Babilonia, lo que distanció a los sacerdotes locales que salpicaban el paisaje del Imperio neobabilónico. El propio ejército de Nabónido también le odiaba porque se centraba en reconstruir las ciudades, desenterrar antiguos registros de excavaciones y, en general, actuar como un historiador o arqueólogo moderno en lugar de como un rey guerrero.[39]

Nabónido intentó pacificar a los militares al poner la defensa del imperio en manos de uno de sus soldados favoritos, Belsasar. Aunque Belsasar era un soldado excepcional, resultó ser un terrible diplomático que consiguió que las élites babilónicas lo odiaran en un tiempo récord. En particular, Belsasar parecía haber concentrado las

---

[39] Ibid.

fuerzas militares en Asiria en lugar de en el sur de Mesopotamia, lo que dejaría a Babilonia abierta al ataque y mantendría a los militares lejos de casa durante largos períodos de tiempo sin conquistar. El hecho de que ambos hombres fueran también asirios en lugar de babilonios o caldeos enfureció aún más a la nobleza.

El ascenso de Ciro el Grande

El mayor enemigo del Imperio neobabilonio apareció enforma de Ciro el Grande.[40] Alrededor del 550 a. C., él era el rey persa aqueménida de una ciudad en Elam que lideró una revuelta contra su superior, Astyages. Astyages era el rey de los medos que mantenía unido el Imperio medo al este de Babilonia. El Imperio medo es el nombre de la civilización creada por los medos, a quienes los lectores reconocerán como uno de los aliados babilonios contra Asiria. Dominaron a los otros pueblos nativos iraníes que vivían en la región del actual Irán. Ciro el Grande convenció al ejército de Astyages para que lo traicionara y Ciro se estableció entonces como un nuevo y poderoso líder en Ecbatana. Su revuelta acabó con el Imperio medo y empujó a los persas a la cima de la jerarquía de los numerosos pueblos iraníes que vivían en la región. En tres años, Ciro fue el rey de Persia propiamente dicho, que aplastó las revueltas asirias y se preparó para entrar en el Imperio neobabilonio para conquistarlo.

---

[40] Cameron Shamsabad, *History's Forgotten Father: Cyrus the Great*, (Shamsabad Publishing, 2014) *(en inglés)*.

La representación de Ciro el Grande con cuatro alas

Después de pasar once años consolidando su dominio, Ciro dirigió su atención al Imperio neobabilonio. En el 539 a. C., lo invadió. Aquí es donde las fuentes se vuelven turbias una vez más. Fuentes primarias como las Crónicas Babilónicas y un artefacto llamado el Cilindro de Ciro —literalmente un antiguo cilindro con escritura grabada en la alfarería— indican que la ciudad de Babilonia cayó ante Persia sin luchar, lo que podría indicar que los gobernantes se dieron cuenta de que estaban dominados y superados en número. Sin embargo, los antiguos historiadores griegos, como el legendario Herodoto —quien, aunque propenso a la exageración, es también una gran fuente de antiguos relatos de imperios— indica que hubo un asedio. Para complicar aún más las cosas, los textos religiosos abrahámicos como la Torá y la Biblia afirman que Babilonia cayó después de una sola noche de batalla, que resultó en la muerte del príncipe Belsasar.

¿Cuál de ellos es cierto?

Cuando los historiadores y arqueólogos se enfrentan a estos muchos relatos dispares, especialmente cuando examinan la historia antigua, la verdad a menudo puede encontrarse en algún lugar en el medio. Cada una de estas tres fuentes de información posee defectos inherentes que se deben abordar, lo cual es una práctica común para los historiadores sin importar la época que estudien. Las tablillas antiguas tienden a estar muy sesgadas a favor del rey que ordenó su creación, a los historiadores griegos les gustaba exagerar y crear historias fantásticas y los textos religiosos no se pueden considerar como canon histórico sin pruebas por una combinación de las dos últimas razones.

Teniendo en cuenta todo esto, lo que probablemente ocurrió fue una batalla entre los persas y los babilonios en un lugar llamado Opis donde los babilonios perdieron. Sin la fuerza del ejército babilonio, muchas de las otras grandes ciudades se rindieron sin luchar contra los invasores y Nabónido, que había estado acampado con su ejército en el sur, probablemente huyó a Babilonia o a Borsippa. Belsasar murió en la batalla y el gobernador de Asiria, un general llamado Gobryas, se puso del lado de los persas, persiguió a Nabónido y lo mató sin necesidad de asediar ninguna de las ciudades. Como recompensa, Ciro nombró a Gobryas nuevo gobernador de Babilonia, que se convirtió en una provincia del Imperio persa aqueménida.

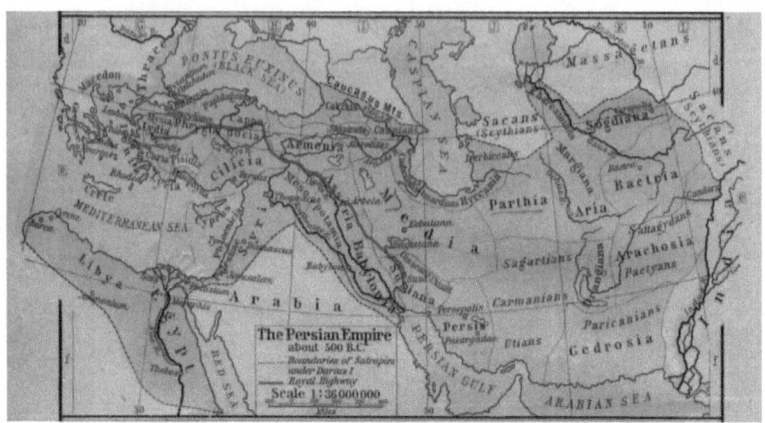
Babilonia y Asiria en el Imperio aqueménida

La asimilación de Babilonia

Los persas dividieron el Imperio neobabilonio en varias provincias y colonias separadas, de las cuales las dos principales eran Babilonia y Asiria. Su integración gradual comenzó alrededor del 539 a. C. y continuó durante siglos mientras la Persia aqueménida dominaba el paisaje de la Mesopotamia. Aunque la élite babilonia se quejaba de la idea de un nuevo poder, muchos plebeyos y grupos étnicos o culturales disconformes dentro del territorio se alegraron. Una de las primeras acciones de Ciro al consolidar su dominio fue permitir que los exiliados extranjeros volvieran a sus hogares. En particular, permitió que los miles de judíos que habían sido secuestrados y enviados por la fuerza de Judá a Babilonia por Nabucodonosor II volvieran a casa. Con ellos, podían traer sus símbolos religiosos consagrados, incluyendo imágenes y recipientes.

Es revelador que Ciro sea referido en los textos religiosos abrahámicos como el liberador del pueblo judío y es uno de los únicos individuos no creyentes en ser llamado mesías. En los relatos bíblicos, es el hombre que libera a los judíos de su cautiverio babilonio. Aunque vivieron bajo el dominio persa durante siglos, los judíos pudieron volver a casa y nunca se rebelaron oficialmente o tomaron las armas contra sus gobernantes.

Mientras tanto, los babilonios comunes y corrientes aún necesitaban ser apaciguados. Una de sus mayores leyes era que nadie podía reclamar el derecho a gobernar el territorio hasta que hubiera sido consagrado en el cargo por los sumos sacerdotes. Para apaciguar a esta tendencia, Ciro llevó a cabo la consagración, tomó el título de rey de Babilonia y justificó su gobierno afirmando que era el sucesor de los reyes babilonios originales y elegido por la deidad patrona Marduk para restaurar la justicia, el orden y la paz en el sur de Mesopotamia. A través de este sistema, Ciro logró mantener la paz y apaciguar el sacerdocio de Marduk hasta su muerte.

Darius, disturbios y decadencia

La paz se mantuvo en Babilonia hasta aproximadamente el 521 a. C. Para entonces, Ciro el Grande y su hijo, Cámesis II, habían fallecido y un nuevo reclamante al trono emergió, Darío I. Darío I llegó al poder en el 522 a. C. después de derrotar a un usurpador que había matado a Cámesis y trató de ganar el control del imperio. Darío I, también llamado Darío el Grande, no vio ninguna razón para apaciguar a los babilonios y abandonó la narrativa de «elegido por Marduk» en favor de impulsar la religión zoroastriana. El zoroastrismo es una fe monoteísta, lo que significa que tiene un solo dios, e identifica la dualidad del bien y el mal. El bien finalmente triunfará sobre el mal y lo destruirá, por lo que había un único ser supremo de sabiduría al que los persas adoraban. Aunque esta no fue la única razón de la revuelta babilónica, destruyó las pretensiones persas de legitimidad.[41]

---

[41] Aubrey Sélincourt, *The Histories*, (London: Penguin Classics, 2002).

A Frieze of Darius I's Palace in Susa (en inglés)

Una vez que Darío I llegó al poder, Babilonia trató de afirmar su independencia bajo un nuevo gobernante llamado Nabucodonosor III: los lectores observarán la originalidad aquí. Nabucodonosor III gobernó durante menos de un año antes de que aparecieran los persas y se sofocara la rebelión de forma espectacular y sangrienta. Al mismo tiempo, Darío I detuvo revueltas similares en todo el imperio y reconquistó Asiria. Seis años más tarde, en el 514 a. C., los babilonios declararon una vez más la independencia, esta vez bajo el liderazgo de un armenio llamado Arakha, que se rebautizó a sí mismo como Nabucodonosor IV. Darío I reclamó el territorio una vez más y destruyó en parte las murallas de Babilonia durante el asedio. Estas no se reconstruyeron.

Aquí, la historia de Babilonia se vuelve complaciente. No hubo más revueltas o revoluciones importantes durante los dos siglos siguientes, y la ciudad de Babilonia perdió lentamente su importancia y brillo a medida que las gentes se fueron y se trasladaron a las mayores capitales culturales del Imperio persa. Alrededor del año 331 a. C., los macedonios lucharon y expulsaron a los persas, liderados por uno de los hombres más grandes de la historia: Alejandro Magno. Alejandro murió en Babilonia en el año 323 a. C., probablemente debido a la fiebre tifoidea, aunque algunos creen que pudo haber sido envenenado. Una vez que los ex generales de Alejandro fueron a la guerra, Babilonia y Asiria pasaron a formar parte del Imperio seléucida, aún controlado por los macedonios.[42]

Babilonia perdió su importancia, aunque la vida urbana continuó de la misma manera que durante siglos hasta el siglo I a. C. La región quedaría absorbida una y otra vez por nuevos imperios, estados y países, pero nunca más reclamaría su independencia.

La caída final de Babilonia fue definitiva.

---

[42] Ibid.

Capítulo 10. Religión, mitología y los mitos de la creación

La religión de los babilonios era la de Mesopotamia. La región tenía una cosmología, mitología y estructura de deidades cohesivas que se transmitieron a lo largo de los siglos. No importaba qué cultura gobernara, ya fuera la sumeria, la acadia o la babilonia tradicional, la religión seguía siendo casi exactamente la misma. Esta religión era politeísta, lo que significa que había más de una deidad. Las deidades tendían a tener diferentes dominios, o áreas de la tierra y los cielos sobre las que tenían control. Podía haber un dios de la cosecha, un dios de las tormentas, una diosa de la fertilidad o una diosa del amor, además de muchos otros dioses o diosas.

Dado que la religión se mantuvo similar durante milenios, este capítulo ofrece un panorama general de los principales acontecimientos que tuvieron lugar dentro de la religión mesopotámica, incluidos los cambios ocurridos bajo el Imperio neobabilonio. Además, se incluye una breve reseña de lo que ocurrió con la religión una vez que llegó el período helenístico. Después, hay una descripción de varias de las principales deidades.

Los mesopotámicos

La religión mesopotámica, en lo que se refiere a los babilonios, comenzó con los sumerios. Tal y como se ha mencionado hace algunos capítulos, los sumerios fueron los precursores de los babilonios tradicionales, que influyeron mucho en la cultura, la religión, la política y la economía de sus sucesores. Muchos sumerios étnicos se convirtieron con el tiempo en babilonios, ya que el pueblo permaneció dentro de Mesopotamia. Los sumerios tenían una sociedad teocrática o una sociedad regida por principios religiosos, creencias y, por lo general, una clase de sacerdotes u otros líderes espirituales. Los sumerios estaban tan dedicados a su religión y mitología que consideraban que casi todos los aspectos de la vida estaban gobernados por una de las deidades.

Antes de que se desarrollara un reinado en Sumeria, había ciudades-estado teocráticas con sacerdotes gobernantes. Los edificios culturales más significativos eran los templos. Originalmente, estas estructuras se construían con piedra simple y consistían en una sola sala para el culto. Con el paso del tiempo, los edificios se transformaron en los legendarios zigurats. Un zigurat era una alta torre con un santuario central en lo alto. No eran triangulares, sino que consistían en múltiples niveles de terrazas con amplias escaleras a las que se podía subir para llegar al santuario.

Modelo de un zigurat generado por ordenador

Estos zigurats no eran públicos. Los sumerios creían que eran las moradas de los dioses, así que el acceso estaba prohibido para la mayoría de la población. Algunos profesionales especulan que parte del diseño, con sus numerosos niveles, era para que se pudieran colocar guardias alrededor de las escaleras para evitar que la gente del pueblo espiara los ritos y ceremonias religiosas. Cada ciudad sumeria poseía una deidad patrona cuyos ritos y rituales se realizaban más a menudo que otros. Existe un gran zigurat que aún se conserva: el Chogha Zanbil en Irán.

Casi todos los mitos sumerios se transmitieron a través de una elaborada tradición oral. Una tradición oral es aquella en la que los miembros de una cultura aprenden sobre la historia, los relatos y la religión de su pueblo a través de la narración de historias, o de una persona que narra los relatos a otra. Los relatos escritos no aparecieron hasta finales del Periodo arcaico de Egipto alrededor del 2600 a. C. Estos escritos, además de la tradición oral, ayudaron a preservar la religión sumeria cuando decayó el poder de su pueblo.

Cuando los acadios comenzaron a desplazar a los sumerios, adaptaron las creencias religiosas sumerias a su propio panteón, donde se combinaron con la retórica y las ideas preexistentes. Desafortunadamente para los historiadores, arqueólogos y otros individuos interesados en la cultura, muchas de las creencias originales de los acadios se han perdido en el tiempo. Lo que se sabe es que muchas de las principales deidades sumerias absorbieron los lugares que ocupaban sus homólogos acadios y desarrollaron nuevos nombres. Por ejemplo, el dios sumerio An se convirtió en el dios acadio Anu con la misma historia, dominio y principales ciudades de culto.

Finalmente, los babilonios emergieron. Los babilonios amorreos conservaron muchas de las deidades tradicionales sumerias y acadias, pero hicieron varios cambios importantes en el panteón. En particular, añadieron al dios Marduk y lo designaron como cabeza del panteón. El papel de la diosa original Inanna también se transfirió a una nueva deidad llamada Ishtar. Por lo demás, el mundo siguió siendo el mismo, por lo que los babilonios conservaron las lenguas sumeria y acadia con fines de culto.

El mito mesopotámico de la creación

Hay varios mitos de la creación de la Mesopotamia o historias que se centran en cómo la tierra, los cielos y los humanos llegaron a existir. Los dos principales se llaman «El Génesis de Eridu» y «Enûma Elish». El primero es sumerio y el segundo es babilonio, pero hay muchos más que describen menores actos de creación. Algunos de estos otros son el «Debate entre la oveja y el grano», «Canción del azadón» y «Debate entre el verano y el invierno». Es un tema común en todos los mitos donde las historias de origen se cuentan a través de conversaciones entre objetos personificados, animales, estaciones y otras creaciones inanimadas.

El primer mito de la creación sumeria proviene de una tablilla de arcilla descubierta por los arqueólogos durante una excavación en Nippur. El documento parece ser del 1600 a. C., lo que indica que se registró a finales de la época de los sumerios. El historiador Thorkild Jacobsen nombró a la tablilla como el «Mito Génesis de Eridu» y tradujo el cuneiforme. Debido a la avanzada edad de la reliquia, faltan varias piezas o la inscripción ha sido desgastada por las arenas literales del tiempo. Sin embargo, el público contemporáneo todavía puede reconstruir la historia rudimentaria. La historia es la siguiente:

Nintur estaba prestando atención:

Permítanme hacer reflexionar a la humanidad,

todos olvidadizos como son;

y no conscientes de mí,

Criaturas de Nintur, permítanme traerlos de vuelta,

dejadme conducir a la gente de vuelta a sus senderos.

Que vengan y construyan ciudades y lugares de culto,

para poder refrescarme a su sombra;

que pongan los ladrillos para las ciudades de culto en lugares puros,

¡y que ellos encuentren lugares para la adivinación en lugares puros!

Ella nos dió instrucciones para la purificación y nos enseño los gritos de clemencia,

cosas que la ira divina demandó,

perfeccionó el servicio divino y los oficios del culto,

y dijo a las regiones circundantes:

—¡Déjadme instituir la paz allí!

Cuando An, Enlil, Enki y Ninhursaga

moldearon a la gente de cabeza oscura (nombre que los sumerios se dieron a sí mismos)

crearon los pequeños animales que salen de la tierra,

provienen de la tierra en abundancia

y que habían dejado allá, como es propio de ella, gacelas,

asnos salvajes, y las bestias de cuatro patas en el desierto.

[...] y me dejaron que lo asesore,

me dejaron que supervisase su trabajo,

¡y que enseñe a la nación a seguir adelante

infaliblemente como el ganado!

Cuando el cetro real bajaba del cielo,

la corona de culto y el trono real

ya habían bajado,

él (el rey) regularmente realizaba a la perfección

los servicios y oficios de culto divinos,

y puso los ladrillos de las ciudades en lugares puros.

Se les nombraba por su nombre y se les asignaba cestas de medio bushel.

La primogénita de esas ciudades, Eridu,

que le dio al líder Nudimmud,

la segunda, Bad-Tibira, se la dio al príncipe y al sagrado,

la tercera, Larak, se la dio a Pabilsag,

la cuarta, Sippar, se la dio al galán Utu.

La quinta, Shuruppak, se la dio a Ansud.

Estas ciudades, que habían sido nombradas por sus nombres,

y que habían sido adjudicadas cestas de medio bushel,

dragaron los canales, los cuales fueron bloqueados con púrpura arcilla transportada por el viento y llevaban agua.

Su limpieza de los canales más pequeños

estableció un crecimiento abundante.[43]

Aquí falta un fragmento que describe cómo el ruido creado por los humanos y sus ciudades molestaba tanto al dios principal, Enlil, que decidió eliminar por completo a los sumerios. Persuadió a la asamblea divina de las diversas deidades para que votaran a favor de la destrucción humana mediante una tormenta de gran magnitud que inundaría el mundo. Los estudiantes inteligentes de historia, mitología o religión notarán el paralelismo de la leyenda sumeria con muchas otras en todo el mundo.

El mito del diluvio o la idea de que los dioses enviaron un gran diluvio para aniquilar a la humanidad aparece en casi todas las grandes religiones descubiertas en todo el mundo, incluyendo el cristianismo, el hinduismo, la antigua mitología china, la antigua mitología nórdica, la antigua mitología griega, la mitología maya, la tribu ojibwa del Lac Courte Oreilles, los aborígenes de Australia y otras numerosas tribus indígenas de ambos continentes americanos. Los mitos del diluvio de la Mesopotamia, o los de los sumerios, los futuros babilonios y otros, están entre los primeros.

Los antropólogos sospechan que estas primeras representaciones y escritos de la religión se extendieron más allá de Mesopotamia e influyeron en muchas otras culturas a lo largo de la masa terrestre de África, Asia y Europa, pero esto no explica cómo cruzó los océanos Atlántico, Pacífico e Índico a menos que la teoría de los puentes terrestres gigantescos sea cierta. Otros, en particular los estudiosos de la geología y la evolución del planeta, creen que algo de importancia climatológica pudo haber sucedido durante los primeros años de la humanidad, lo que hizo nacer este relato. No importa cuál pueda ser el caso, el mito de la creación sumeria continúa:

---

[43] Thorkild Jacobsen, "*The Harps That Once...: Sumerian Poetry in Translation*", (Yale University Press, Publishers, 1987) *(en inglés)*.

Aquel día Nintu lloró por sus criaturas

y la divina Inanna entonó un lamento por su pueblo;

pero Enki tomó consejo con su propio corazón.

An, Enlil, Enki y Ninhursaga

habían hecho jurar a los dioses del cielo y de la tierra,

en el nombre de An y Enlil.

En ese momento Ziusudra era rey

y el sacerdote lustrado.

Él formó, al ser un vidente, una estatua del dios del vértigo

y se quedó al costado asombrado por la realización de sus deseos con humildad.

Mientras estaba allí regularmente día tras día,

algo que no era un sueño aparecía:

conversando

se comprometió por su boca a declarar

bajo juramento por el cielo y la tierra,

y por los dioses que traen sus bancadas hasta Kiur.

Y cuando Ziusudra estaba de pie a su lado, escuchó:

¡Súbete al muro a mi izquierda y escucha!

¡Déjame hablarte junto al muro

y que entiendas lo que digo,

que escuches mi consejo!

Por nuestra mano un diluvio barrerá

las ciudades de cestas de medio bushel y el país;

la decisión, de que la humanidad será destruida

se ha tomado.

Un veredicto, una orden de la asamblea no se puede revocar,

es sabido que una orden de An y Enlil

nunca ha sido revocada,

su reinado, su mandato, nunca han sido desarraigados,

sino que debe acordarse de ellos.

Ahora [...]

Lo que tengo que decirte [...]"

La siguiente parte que falta parece haber sido el consejo del dios embaucador, Enki, de construir un barco y llenarlo con una pareja macho y hembra de cada uno de los animales de la tierra. Los lectores volverán a notar los paralelismos entre este mito del diluvio y otros, incluida la historia bíblica de Noé y su arca. Ziusudra, el rey, obedece y se las arregla para salvar a la humanidad y a los animales del diluvio, pero el plan de Enki se descubre cuando Enlil encuentra a los supervivientes. Está a punto de masacrarlos cuando Enki convence al consejo divino de salvar a la humanidad. La historia termina con dos estrofas que explican cómo Ziusudra ascendió en la jerarquía de los cielos y los sumerios se salvaron.

Aquí tú juraste

por el aliento de la vida del cielo,

por el aliento de la vida de la tierra

que verdaderamente está aliado contigo;

ustedes, An y Enlil,

han jurado por el aliento de la vida del cielo,

por el aliento de la vida de la tierra

Que él está aliado con ustedes.

El desembarcará los pequeños animales

¡que vienen de la tierra!

Ziusudra, siendo rey,

" Ibid.

dio un paso ante An y Enlil,

besando el suelo.

y An y Enlil después de honrarlo

le concedieron la vida como un dios,

estaban haciendo descender en él

el aliento de la vida duradera o eterna, como un dios.

Ese día hicieron de Ziusudra,

preservador, como rey, de los pequeños animales

y de la semilla de la humanidad,

vivieron hacia el este de las montañas

en el monte Dilmun.[45]

Muchas de las deidades mesopotámicas importantes aparecen en este mito. Los principales en el panteón eran An y Enlil, que se cree que crearon los cielos. Los dioses mesopotámicos no eran humanos y las representaciones tendían a hacerlos antropomórficos. Todos eran seres de gran tamaño, similares a un gigante, con un poder insondable. Las tallas y representaciones en piedra muestran a las deidades con cascos con cuernos en todo momento y un aspecto especial capaz de inspirar terror y asombro en cualquier mortal que la viera.

El mito babilonio de la creación

Los historiadores sitúan el desarrollo del mito babilonio de la creación, el «Enûma Elish», en la época de Hammurabi o alrededor del 1700 a. C. Existen varias versiones de la historia, pero la mejor conservada data del siglo VII a. C. y proviene de la Biblioteca de Ashurbanipal. Está inscrita en siete tablillas y varía significativamente del mito de la creación sumeria original, pero presenta temas e ideas similares. Un extracto de la primera tablilla traducida se encuentra a continuación:

---

[45] Ibid.

Tablilla I

Cuando los cielos de arriba no existían,

Y la tierra de abajo no había nacido...

cuando el primer Apsu, su procreador,

Mummu, Tiamat que a todos había engendrado,

entremezclaron sus aguas

Antes de que la tierra de la pradera se uniera y se encontrara el cañaveral...

Cuando no se había formado ninguno de los dioses

O había nacido, cuando no se había decretado ningún destino,

Los dioses fueron creados dentro de ellos:

Lah-mu y Lah-amu se formaron y nacieron.

Mientras crecían y aumentaban su estatura

Anasar y Kisar, que los superaron, fueron creados.

Prolongaron sus días, multiplicaron sus años.

Anu, su hijo, podía rivalizar con sus padres.

Anu, el hijo, plendo Anásar,

Y Anu engendró a Nudimmud, su propio igual.

Nudimmud fue el campeón entre sus padres:

Profundamente perspicaz, sabio, de fuerza robusta;

Mucho más fuerte que el engendrador de su padre, Anu.

No tenía ningún rival entre los dioses, sus hermanos.

Los hermanos divinos se unieron,

Su clamor se hizo fuerte, lanzando a Tia-mat a la confusión.

Sacudieron los nervios de Tia-mat,

Y con sus bailes difundieron la alarma en Anduruna.

Apsû no disminuyó su clamor,

Y Tia-mat se quedó en silencio cuando se enfrentó a ellos.

Su conducta era desagradable para ella,

Sin embargo, aunque su esplendor no era bueno, deseaba perdonarlos.[46]

La primera tablilla cubre la creación de literalmente todo, ya que antes de Apsû y Tiamat no había nada. De estas dos deidades originales surgieron otras que perturbaron a Tiamat. Para luchar contra ellos, Tiamat propuso la creación de monstruos que detuvieran la dirección en la que se movía el universo. Las siguientes cinco tablillas detallan cómo su plan no se llevaría a cabo, ya que varios de los dioses más jóvenes conspiraron contra ella. Marduk se convierte en el nuevo señor de todas las deidades, mata a Tiamat golpeando su cráneo con una maza y usa su cuerpo para crear los cielos y la tierra tal y como los humanos los conocen. Marduk entonces crea a los humanos sacrificando a uno de los otros dioses y usando su sangre para formar los primeros babilonios. Llegados a este punto, la historia de la creación termina con una tablilla entera dedicada a alabar a Marduk y a leer cincuenta de sus numerosos nombres, lo que indica la importancia que tenía este dios en la religión babilonia. Parte del texto traducido de la tablilla VII se incluye aquí para que los lectores se hagan una idea de todas las cosas que se atribuyen a esta única deidad.

Tablilla VII

Asarre, el dador de tierras de cultivo que estableció la tierra de arado,

El creador de la cebada y el lino, que hizo crecer la vida vegetal.

Asaralim, preeminente en la sala del consejo, donde se le hubo llevado,

Los dioses le prestan atención y le temen.

---

[46] W.G. Lambert, *Mesopotamian Creation Stories*, (European History and Culture E-Books Online, 2007) *(en inglés).*

Asaralimnunna, el noble, la luz del padre, su creador,

que dirige los decretos de Anu, Enlil y Ea, es decir, Ninšiku.

Él es su administrador, que asigna sus porciones,

Cuyo turbante multiplica la abundancia para la tierra.

Tutu es él, el que lleva a cabo su renovación,

Que purifique sus santuarios para que puedan descansar.

Que formule un conjuro para que los dioses puedan descansar,

Aunque se levanten con furia, que se retiren.

Él es en verdad exaltado en la asamblea de los dioses, sus [padres],

Nadie entre los dioses puede [igualarlo].

Tutu-Ziukkinna, la vida de su anfitrión,

quien estableció los cielos puros para los dioses,

Quien se hizo cargo de sus cursos, quien nombró [sus puestos],

Que no sea olvidado por los mortales, sino que [se recuerden] sus actos.

Tutu-Ziku lo llamaban en tercer lugar, el creador de la purificación,

El dios de la brisa agradable, señor del éxito y la obediencia,

Quien produce la prosperidad y la riqueza, quien establece la abundancia,

quien convierte todo lo poco que tenemos en prosperidad,

Cuya agradable brisa olfateamos en tiempos de terribles problemas,

Que los hombres ordenen que sus alabanzas se pronuncien constantemente, que le ofrezcan adoración.

Marduk tomó su lugar a la cabeza del panteón babilonio, elevándose por encima de muchas de las otras deidades. Otros dioses notables eran individuos como Ishtar y Nergal, que controlaban el amor, la guerra, la sexualidad y el inframundo. En particular, Ishtar contaba con uno de los cultos más grandes de Babilonia y era considerada la principal diosa de las mujeres, el matrimonio y el parto, además de ser una deidad feroz y guerrera. Nergal, por su parte, representaba el fuego y el desierto además del inframundo, y frecuentemente aparecía como un león en sus representaciones. En contraste con el popular mito griego del Hades y Perséfone, Nergal no era el dios original del inframundo, sino que se casó con Ereshkigal, quien compartió su poder con él. Nergal no podía quedarse todo el año y se marchaba seis meses seguidos, lo que reflejaba el cambio de las estaciones.[47]

---

[47] "Nergal" *The Ancient History Encyclopedia,* https://www.ancient.eu/Nergal/ *(en inglés).*

Capítulo 11. La versión corta de los babilonios bíblicos

Babilonia aparece frecuentemente en las religiones abrahámicas como un símbolo de decadencia y pecado. Cuando se le hace referencia en documentos como la Biblia, es importante darse cuenta de que diferentes pasajes se refieren al Imperio babilónico y a la propia ciudad de Babilonia, aunque ambos posean las mismas connotaciones. La razón principal de la presencia de Babilonia en estos documentos es la perpetua lucha que existía entre los babilonios y el pueblo judío, que vivía al oeste de una región conocida como el Levante. Durante el segundo y primer milenio antes de Cristo, el pueblo judío intentó formar sus propios reinos, pero fueron frecuentemente invadidos, conquistados y convertidos en vasallos por sus vecinos más poderosos. En un momento dado, estos conquistadores fueron los reyes del Imperio neobabilónico, que desarraigaron a miles de judíos de sus hogares tras una rebelión y les obligaron a vivir en Babilonia como cautivos.

Esta acción se conoce en los textos religiosos como el *Cautiverio de Babilonia*. Una vez que el Imperio neobabilónico cayó ante los persas y Ciro el Grande, el pueblo judío pudo volver a casa y escribió sobre sus experiencias en Babilonia en sus documentos religiosos.

Ahora, es importante darse cuenta una vez más que los historiadores y arqueólogos no pueden aceptar documentos como la Torá o la Biblia como hechos, simplemente porque la evidencia histórica física no existe. Esto no significa que el judaísmo o el cristianismo no sean verdaderos, pero sí que influye en la percepción de los eventos. Para los propósitos de este capítulo, lo que fue escrito en los documentos de las religiones abrahámicas se debe tomar a la ligera, ya que los textos religiosos fueron editados repetidamente por los reyes, sumos sacerdotes y la nobleza para reiterar la creencia israelita de que eran el pueblo elegido por Dios, que los nobles y reyes poseían un derecho divino a gobernar y que los babilonios eran claramente un pueblo pecador que estaba siendo castigado por atreverse a actuar contra el pueblo judío.

La Caída de Babilonia, 1453. Grabado en madera

Cautiverio de Babilonia

Teniendo todo esto en cuenta, los documentos religiosos de Abraham cuentan una historia diferente del cautiverio babilónico que la explicada por las fuentes históricas como se ha visto en los capítulos anteriores. Según la Biblia, la situación era algo así:

Palabra que vino a Jeremías acerca de todo el pueblo de Judá en el año cuarto de Joacim hijo de Josías, rey de Judá, el cual era el año primero de Nabucodonosor rey de Babilonia; la cual habló el profeta Jeremías a todo el pueblo de Judá y a todos los moradores de Jerusalén, diciendo:

Desde el año trece de Josías hijo de Amón, rey de Judá, hasta este día, que son veintitrés años, ha venido a mí palabra de Jehová, y he hablado desde temprano y sin cesar; pero no oísteis.

Y envió Jehová a vosotros todos sus siervos los profetas, enviándoles desde temprano y sin cesar; pero no oísteis, ni inclinasteis vuestro oído para escuchar cuando decían: Volveos ahora de vuestro mal camino y de la maldad de vuestras obras, y moraréis en la tierra que os dio Jehová a vosotros y a vuestros padres para siempre; y no vayáis en pos de dioses ajenos, sirviéndoles y adorándoles, ni me provoquéis a ira con la obra de vuestras manos; y no os haré mal.

Pero no me habéis oído, dice Jehová, para provocarme a ira con la obra de vuestras manos para mal vuestro.

Por tanto, así ha dicho Jehová de los ejércitos: Por cuanto no habéis oído mis palabras, he aquí enviaré y tomaré a todas las tribus del norte, dice Jehová, y a Nabucodonosor rey de Babilonia, mi siervo, y los traeré contra esta tierra y contra sus moradores, y contra todas estas naciones en derredor; y los destruiré, y los pondré por escarnio y por burla y en desolación perpetua.

Y haré que desaparezca de entre ellos la voz de gozo y la voz de alegría, la voz de desposado y la voz de desposada, ruido de molino y luz de lámpara.

Toda esta tierra será puesta en ruinas y en espanto; y servirán estas naciones al rey de Babilonia setenta años.

Y cuando sean cumplidos los setenta años, castigaré al rey de Babilonia y a aquella nación por su maldad, ha dicho Jehová, y a la tierra de los caldeos; y la convertiré en desiertos para siempre.

Y traeré sobre aquella tierra todas mis palabras que he hablado contra ella, con todo lo que está escrito en este libro, profetizado por Jeremías contra todas las naciones.

Porque también ellas serán sojuzgadas por muchas naciones y grandes reyes; y yo les pagaré conforme a sus hechos, y conforme a la obra de sus manos.[48]

En esta versión de los eventos, el dios israelita está castigando al pueblo por sus pecados y por no mantener los principios de la adoración apropiadamente. El Imperio neobabilónico es enviado a sacar al pueblo judío de su tierra natal, donde puede sufrir hasta que llegue el momento en que pueda volver a su territorio una vez más como el pueblo elegido por Dios. Este texto coloca a los persas en el papel de liberadores, una vez más enviados por Dios específicamente para ayudar al pueblo judío, ignorando las complejidades geopolíticas que se desarrollan en la región. Babilonia, mientras tanto, se destruye por ser pecadora y por no adorar a la deidad apropiada.

---

[48] Biblia, Jeremías 25.

James Tissot, El vuelo de los prisioneros

La ramera de Babilonia

El otro gran ejemplo de Babilonia que aparece en los textos religiosos de Abraham es el extraño relato de la ramera de Babilonia, que sigue siendo una figura icónica en la civilización occidental. Era una figura simbólica destinada a representar el mal y las tentaciones experimentadas por los humanos mientras estaban en la tierra. Aparece en el siguiente pasaje del Apocalipsis:

Vino entonces uno de los siete ángeles que tenían las siete copas y habló conmigo diciéndome: Ven aquí, y te mostraré la sentencia contra la gran ramera, la que está sentada sobre muchas aguas; con la cual han fornicado los reyes de la tierra, y los moradores de la tierra se han embriagado con el vino de su fornicación.

Y me llevó en el Espíritu al desierto; y vi a una mujer sentada sobre una bestia escarlata llena de nombres de blasfemia, que tenía siete cabezas y diez cuernos.

Y la mujer estaba vestida de púrpura y escarlata, y adornada de oro, de piedras preciosas y de perlas, y tenía en la mano un cáliz de oro lleno de abominaciones y de la inmundicia de su fornicación; y en su frente un nombre escrito, un misterio: BABILONIA LA GRANDE, LA MADRE DE LAS RAMERAS Y DE LAS ABOMINACIONES DE LA TIERRA.[49]

La ramera de Babilonia se asocia frecuentemente con el Anticristo y con la Bestia del Apocalipsis. Ella no es una persona real, sino más bien una representación de la idolatría y otros grandes pecados que mantendrían a los practicantes del judaísmo y el cristianismo alejados del cielo. Tanto los historiadores como los teólogos especulan que está asociada con Babilonia debido al mencionado cautiverio babilónico y a comparaciones previas que indican que Babilonia es igual a pecado y exceso.

La ramera de Babilonia sobre la bestia de siete cabezas

---

[49] Bible, Revelations 1-5.

Conclusión. El legado de los babilonios

Entonces, ¿por qué deberían los lectores contemporáneos interesarse por los babilonios? Puede ser difícil para la gente moderna darse cuenta de lo mucho que las acciones de las civilizaciones de hace miles de años impactan sus vidas en el presente. Los babilonios fueron responsables de varios avances científicos importantes, incluidos los nuevos métodos matemáticos para entender el cosmos y crear calendarios. Trazaron mapas de las estrellas, descubrieron nuevos materiales de construcción y sentaron las bases para otras civilizaciones como la griega y la romana, que siguen siendo consideradas por las civilizaciones occidentales como los grandes precursores del intelectualismo político y social contemporáneo.

Al igual que muchas de las otras civilizaciones mesopotámicas, los babilonios avanzaron en la agricultura, la metalurgia, la guerra y otras prácticas esenciales para que los humanos no tuvieran que empezar de nuevo cada vez que un nuevo pueblo intentaba desarrollar su propia cultura. Las frecuentes guerras y el comercio con otras civilizaciones en todo el Oriente Próximo, Asia Menor y el norte de África también significaron que la cultura, la religión y las técnicas podían recorrer grandes distancias.

Babilonia incluso ha tenido un gran efecto en el desarrollo de las religiones abrahámicas, ya que sin ellas no habría narración de cautiverio.

Incluso si a alguien no le importan demasiado estos elementos esenciales vitales, puede apreciar la complejidad de una cultura que sobrevivió durante varios milenios y que generó hermosas obras de arte, una religión y un culto intrincados, y leyes únicas y la base de futuros sistemas legales de todo el mundo. Después de todo, fue Hammurabi quien ideó el infame punto de vista de «ojo por ojo» para analizar el mundo y la justicia. Teniendo todo esto en cuenta, sería difícil imaginar un mundo sin los babilonios. La historia es un tapiz: si alguien tira de un hilo, todo comienza a desenredarse. Esta es la posición de los babilonios: Un hilo crucial que no se puede quitar sin desmantelar el curso de la civilización humana tal y como la conocemos en el mundo contemporáneo.

Vea más libros escritos por Captivating History

Referencias y lecturas adicionales

Arnold, Bill T. *Who Were the Babylonians?* Atlanta: The Society of Biblical Literature, 2004 *(en inglés)*.

Bottéro, Jean. *Mesopotamia: Writing, Reasoning and the Gods.* Nueva York: St. Martin's Press, 2012 *(en inglés)*.

Bryce, Trevor. *Babylonia: A Very Short Introduction.* Oxford: Oxford University Press, 2016 *(en inglés)*.

Crawford, Harriett. *Sumer and the Sumerians.* New York: Cambridge University Press, 2004 *(en inglés)*.

Elayi, Josette. *The History of Phoenicia.* Lockwood Press, 2018 *(en inglés)*.

Foster, Benjamin R. *The Age of Agade: Inventing Empire in Ancient Mesopotamia.* Nueva York: Routledge Publishing, 2016 *(en inglés)*.

Grayson, A. Kirk. *Assyrian Rulers of the Early First Millennium BCE (1114-859 BC).* Toronto: University of Toronto Press, 1991 *(en inglés)*.

Houston, Mary G. *Ancient Egyptian, Mesopotamian & Persian Costume.* London: A. & C. Black, 1954 *(en inglés)*.

Jacobsen, Thorkild. *"The Harps That Once...: Sumerian Poetry in Translation"*. Yale University Press, 1987 *(en inglés)*.

King, L. W. *Chronicles concerning early Babylonian kings: including records of the early history of the Kassites and the country of the sea.* London: Luzac and co., 2014 *(en inglés)*.

Kriwaczek, Paul. *Babilonia: Mesopotamia y el nacimiento de la civilización,* (ARIEL: 2010).

Lambert, W. G. *Mesopotamian Creation Stories.* European History and Culture E-Books Online, 2007 (en inglés).

Mitchell, Stephen. *Gilgamesh: A New English Version.* Nueva York: Free Press, 2004 *(en inglés)*.

Sayce, Rev. A. H., profesor de asiriología de Oxford, "The Archaeology of the Cuneiform Inscriptions". *Society for Promoting Christian Knowledge.* New York: 1908 *(en inglés)*.

Schneider, Adam W. and Adali, Selim F. ""No harvest was reaped:" demographic and climate factors in the decline of the Neo-Assyrian Empire". *Climate Change* 127, no. 3, 2014: 435-446 *(en inglés)*.

Stol, Marten. *Women in the Ancient Near East.* Boston: De Gruyter, 2016 *(en inglés)*.

Sélincourt, Aubrey. *The Histories.* London: Penguin Classics, 2002. *(en inglés)*

Cameron Shamsabad, *History's Forgotten Father: Cyrus the Great,* (Shamsabad Publishing, 2014) *(en inglés)*.

Van De Mieroop, Marc. *King Hammurabi of Babylon: A Biography.* Malden: Blackwell Publishing, 2005 *(en inglés)*.

Yirdirim, Kemal. *The Ancient Amorites (Amurru) of Mesopotamia.* LAP Lambert Academic Publishing, 2017 *(en inglés)*.

www.ingramcontent.com/pod-product-compliance
Lightning Source LLC
LaVergne TN
LVHW041644060526
838200LV00040B/1702